CARTA ENCÍCLICA

LUMEN FIDEI

DO SUMO PONTÍFICE
FRANCISCO

AOS BISPOS, AOS PRESBÍTEROS,
AOS DIÁCONOS, ÀS PESSOAS CONSAGRADAS
E A TODOS OS FIÉIS LEIGOS SOBRE A FÉ

Direção-geral: *Bernadete Boff*
Editora responsável: *Maria Goretti de Oliveira*

1ª edição – 2013
9ª reimpressão – 2021

Nenhuma parte desta obra poderá ser reproduzida ou transmitida por qualquer forma e/ou quaisquer meios (eletrônico ou mecânico, incluindo fotocópia e gravação) ou arquivada em qualquer sistema ou banco de dados sem permissão escrita da Editora. Direitos reservados.

© 2013 – Libreria Editrice Vaticana

Paulinas
Rua Dona Inácia Uchoa, 62
04110-020 – São Paulo – SP (Brasil)
Tel.: (11) 2125-3500
http://www.paulinas.com.br
editora@paulinas.com.br
Telemarketing e SAC: 0800-7010081
© Pia Sociedade Filhas de São Paulo – São Paulo, 2013

CARTA ENCÍCLICA
LUMEN FIDEI
DO SUMO PONTÍFICE
FRANCISCO
AOS BISPOS, AOS PRESBÍTEROS, AOS DIÁCONOS, ÀS PESSOAS CONSAGRADAS E A TODOS OS FIÉIS LEIGOS SOBRE A FÉ

1. A LUZ DA FÉ é expressão com que a tradição da Igreja designou o grande dom trazido por Jesus. Eis como Ele Se nos apresenta, no Evangelho de João: "Eu vim ao mundo como luz, para que todo o que crê em Mim não fique nas trevas" (*Jo* 12,46). E São Paulo exprime-se nestes termos: "Porque o Deus que disse: 'das trevas brilhe a luz', foi quem brilhou nos nossos corações" (*2Cor* 4,6). No mundo pagão, com fome de luz, tinha-se desenvolvido o culto do deus Sol, *Sol invictus*, invocado na sua aurora. Embora o sol renascesse todo dia, facilmente se percebia que era incapaz de irradiar a sua luz sobre toda a existência do homem. De fato, o sol não ilumina toda a realidade, sendo os seus raios incapazes de chegar até as sombras da morte, onde a vista humana se fecha para a sua luz. Aliás, "nunca se viu ninguém — afirma o mártir São Justino — pronto

a morrer pela sua fé no sol".[1] Conscientes do amplo horizonte que a fé lhes abria, os cristãos chamaram a Cristo o verdadeiro Sol, "cujos raios dão a vida".[2] A Marta, em lágrimas pela morte do irmão Lázaro, Jesus diz-lhe: "Eu não te disse que, se acreditares, verás a glória de Deus?" (*Jo* 11,40). Quem acredita, vê; vê com uma luz que ilumina todo o percurso da estrada, porque nos vem de Cristo ressuscitado, estrela da manhã que não tem ocaso.

Uma luz ilusória?

2. E, contudo, podemos ouvir a objeção que se levanta de muitos dos nossos contemporâneos, quando se lhes fala desta luz da fé. Nos tempos modernos, pensou-se que tal luz poderia ter sido suficiente para as sociedades antigas, mas não servia para os novos tempos, para o homem tornado adulto, orgulhoso da sua razão, desejoso de explorar de forma nova o futuro. Nesta perspectiva, a fé aparecia como uma luz ilusória, que impedia o homem de cultivar a ousadia do saber. O jovem Nietzsche convidava a irmã Elisabeth a arriscar, percorrendo "vias novas [...], na incerteza de proceder de forma autônoma". E acrescentava: "Neste ponto, separam-se os caminhos da humanidade: se queres

---

[1] *Dialogus cum Tryphone Iudaeo*, 121, 2: *PG* 6, 758.
[2] Clemente de Alexandria, *Protrepticus*, IX: *PG* 8, 195.

alcançar a paz da alma e a felicidade, contenta-te com a fé; mas, se queres ser uma discípula da verdade, então investiga".[3] O crer opor-se-ia ao indagar. Partindo daqui, Nietzsche desenvolverá a sua crítica ao cristianismo por ter diminuído o alcance da existência humana, espoliando a vida de novidade e aventura. Neste caso, a fé seria uma espécie de ilusão de luz, que impede o nosso caminho de homens livres rumo ao amanhã.

3. Por este caminho, a fé acabou por ser associada com a escuridão. E, a fim de conviver com a luz da razão, pensou-se na possibilidade de conservá-la, de lhe encontrar um espaço: o espaço para a fé abria-se onde a razão não podia iluminar, onde o homem já não podia ter certezas. Desse modo, a fé foi entendida como um salto no vazio, que fazemos por falta de luz e impelidos por um sentimento cego, ou como uma luz subjetiva, talvez capaz de aquecer o coração e consolar pessoalmente, mas impossível de ser proposta aos outros como luz objetiva e comum para iluminar o caminho. Entretanto, pouco a pouco, foi-se vendo que a luz da razão autônoma não consegue iluminar suficientemente o futuro; este, no fim das contas, permanece na sua obscuridade e deixa o homem no temor do desconhecido. E, assim, o homem renunciou à busca de uma luz grande, de uma verdade grande,

---

[3] "Brief an Elisabeth Nietzsche (11 de junho de 1865)", in: *Werke in drei Bänden* (Munique 1954), 953-954.

para se contentar com pequenas luzes que iluminam por breves instantes, mas são incapazes de desvendar a estrada. Quando falta a luz, tudo se torna confuso: é impossível distinguir o bem do mal, diferenciar a estrada que conduz à meta daquela que nos faz girar repetidamente em círculo, sem direção.

Uma luz a redescobrir

4. Por isso, urge recuperar o caráter de luz que é próprio da fé, pois, quando a sua chama se apaga, todas as outras luzes acabam também por perder o seu vigor. De fato, a luz da fé possui um caráter singular, sendo capaz de iluminar toda a existência do homem. Ora, para que uma luz seja tão poderosa, não pode dimanar de nós mesmos; tem de vir de uma fonte mais originária, deve provir em última análise de Deus. A fé nasce no encontro com o Deus vivo, que nos chama e revela o seu amor: um amor que nos precede e sobre o qual podemos apoiar-nos para construir solidamente a vida. Transformados por este amor, recebemos olhos novos e experimentamos que há nele uma grande promessa de plenitude e se nos abre a visão do futuro. A fé, que recebemos de Deus como dom sobrenatural, aparece-nos como luz para a estrada orientando os nossos passos no tempo. Por um lado, provém do passado: é a luz de uma memória basilar — a da vida de Jesus —, onde o seu amor se manifestou plenamente

fiável, capaz de vencer a morte. Mas, por outro lado e ao mesmo tempo, dado que Cristo ressuscitou e nos atrai de além da morte, a fé é luz que vem do futuro, que descerra diante de nós horizontes grandes e nos leva a ultrapassar o nosso "eu" isolado abrindo-o à amplitude da comunhão. Desse modo, compreendemos que a fé não mora na escuridão, mas é uma luz para as nossas trevas. Dante, na *Divina Comédia*, depois de ter confessado diante de São Pedro a sua fé, descreve-a como uma "centelha / que se expande depois em viva chama / e, como estrela no céu, em mim cintila".[4] É precisamente desta luz da fé que quero falar, desejando que cresça a fim de iluminar o presente até se tornar estrela que mostra os horizontes do nosso caminho, em um tempo em que o homem vive particularmente carecido de luz.

5. Antes da sua paixão, o Senhor assegurava a Pedro: "Eu roguei por ti, para que a tua fé não desfaleça" (*Lc* 22,32). Depois lhe pediu para "confirmar os irmãos" na mesma fé. Consciente da tarefa confiada ao Sucessor de Pedro, Bento XVI quis proclamar este *Ano da Fé*, um tempo de graça que nos tem ajudado a sentir a grande alegria de crer, a reavivar a percepção da amplitude de horizontes que a fé descerra, para a confessar na sua unidade e integridade, fiéis à memória do Senhor, sustentados pela sua presença e pela ação do

---

[4] *Divina Comédia*, Paraíso, XXIV, 145-147.

Espírito Santo. A convicção de uma fé que faz grande e plena a vida, centrada em Cristo e na força da sua graça, animava a missão dos primeiros cristãos. Nas Atas dos Mártires, lemos este diálogo entre o prefeito romano Rústico e o cristão Hierax: "Onde estão os teus pais?" — perguntava o juiz ao mártir; este respondeu: "O nosso verdadeiro pai é Cristo, e nossa mãe a fé n'Ele".[5] Para aqueles cristãos, a fé, enquanto encontro com o Deus vivo que Se manifestou em Cristo, era uma "mãe", porque os fazia vir à luz, gerava neles a vida divina, uma nova experiência, uma visão luminosa da existência, pela qual estavam prontos a dar testemunho público até o fim.

6. O *Ano da Fé* teve início no cinquentenário da abertura do Concílio Vaticano II. Esta coincidência permite-nos ver que este foi um Concílio sobre a fé,[6] por nos ter convidado a repor, no centro da nossa vida eclesial e pessoal, o primado de Deus em Cristo. Na verdade, a Igreja nunca dá por descontada a fé, pois sabe que este dom de Deus deve ser nutrido e revigorado sem cessar para continuar a orientar o caminho

---

[5] *Acta Sanctorum*, Iunii, I, 21.

[6] "Embora o Concílio não trate expressamente da fé, todavia fala dela em cada página, reconhece o seu caráter vital e sobrenatural, supõe-na íntegra e forte e constrói sobre ela os seus ensinamentos. Bastaria lembrar as declarações conciliares [...] para nos darmos conta da importância essencial que o Concílio, coerente com a tradição doutrinal da Igreja, atribui à fé, à verdadeira fé, aquela que tem Cristo como fonte e, como canal, o magistério da Igreja" [Paulo VI, *Audiência Geral* (8 de março de 1967): *Insegnamenti* V (1967), 705].

dela. O Concílio Vaticano II fez brilhar a fé no âmbito da experiência humana, percorrendo assim os caminhos do homem contemporâneo. Dessa forma, viu-se como a fé enriquece a existência humana em todas as suas dimensões.

7. Estas considerações sobre a fé — em continuidade com tudo o que o magistério da Igreja pronunciou acerca desta virtude teologal[7] — pretendem juntar-se a tudo aquilo que Bento XVI escreveu nas cartas encíclicas sobre a caridade e a esperança. Ele já tinha quase concluído um primeiro esboço desta carta encíclica sobre a fé. Estou-lhe profundamente agradecido e, na fraternidade de Cristo, assumo o seu precioso trabalho, limitando-me a acrescentar ao texto alguma contribuição nova. De fato, o Sucessor de Pedro, ontem, hoje e amanhã, sempre está chamado a "confirmar os irmãos" no tesouro incomensurável da fé que Deus dá a cada homem como luz para o seu caminho.

Na fé, dom de Deus e virtude sobrenatural por Ele infundida, reconhecemos que um grande Amor nos foi oferecido, que uma Palavra estupenda nos foi dirigida: acolhendo esta Palavra que é Jesus Cristo — Palavra encarnada —, o Espírito Santo transforma-nos, ilumina o caminho do futuro e faz crescer em nós as

---

[7] Cf., por exemplo, Conc. Ecum. Vat. I, Const. dogm. sobre a fé católica *Dei Filius*, III: *DS* 3008-3020; Conc. Ecum. Vat. II, Const. dogm. sobre a divina Revelação *Dei Verbum*, 5; *Catecismo da Igreja Católica*, 153-165.

asas da esperança para o percorrermos com alegria. Fé, esperança e caridade constituem, em uma interligação admirável, o dinamismo da vida cristã rumo à plena comunhão com Deus. Mas como é este caminho que a fé desvenda diante de nós? Donde provém a sua luz, tão poderosa que permite iluminar o caminho de uma vida bem-sucedida e fecunda, cheia de fruto?

Capítulo I
ACREDITAMOS NO AMOR (CF. *1JO* 4,16)

Abraão, nosso pai na fé

8. A fé desvenda-nos o caminho e acompanha os nossos passos na história. Por isso, se quisermos compreender o que é a fé, temos de explanar o seu percurso, o caminho dos homens crentes, com os primeiros testemunhos já no Antigo Testamento. Um posto singular ocupa Abraão, nosso pai na fé. Na sua vida, acontece um fato impressionante: Deus dirige-lhe a Palavra, revela-Se como um Deus que fala e o chama por nome. A fé está ligada à escuta. Abraão não vê Deus, mas ouve a sua voz. Desse modo, a fé assume um caráter pessoal: o Senhor não é o Deus de um lugar, nem mesmo o Deus vinculado a um tempo sagrado específico, mas o Deus de uma pessoa, concretamente o Deus de Abraão, Isaac e Jacó, capaz de entrar em contato com o homem e estabelecer com ele uma aliança. A fé é a resposta a uma Palavra que interpela pessoalmente, a um Tu que nos chama por nome.

9. Esta Palavra comunica a Abraão um chamado e uma promessa. Contém, antes de tudo, um chamado a sair da própria terra, convite a abrir-se a uma vida nova, início de um êxodo que o encaminha para um futuro inesperado. A perspectiva que a fé vai proporcionar a Abraão estará sempre ligada com este passo em frente que ele deve realizar: a fé "vê" à medida que caminha, que entra no espaço aberto pela Palavra de Deus. Mas tal Palavra contém ainda uma promessa: a tua descendência será numerosa, serás pai de um grande povo (cf. *Gn* 13,16; 15,5; 22,17). É verdade que a fé de Abraão, enquanto resposta a uma Palavra que a precede, será sempre um ato de memória; contudo, esta memória não o fixa no passado, porque, sendo memória de uma promessa, se torna capaz de abrir ao futuro, de iluminar os passos ao longo do caminho. Assim se vê como a fé, enquanto memória do futuro, está intimamente ligada com a esperança.

10. A Abraão pede-se para se confiar a esta Palavra. A fé compreende que a palavra — uma realidade aparentemente efêmera e passageira —, quando é pronunciada pelo Deus fiel, torna-se o que de mais seguro e inabalável possa haver, possibilitando a continuidade do nosso caminho no tempo. A fé acolhe esta Palavra como rocha segura, sobre a qual se pode construir com alicerces firmes. Por isso, na Bíblia hebraica, a fé é indicada pela palavra *'emûnah*, que deriva do verbo

'amàn, cuja raiz significa "sustentar". O termo *'emûnah* tanto pode significar a fidelidade de Deus como a fé do homem. O homem fiel recebe a sua força do confiar-se nas mãos do Deus fiel. Jogando com dois significados da palavra — presentes tanto no termo grego *pistós* como no correspondente latino *fidelis* —, São Cirilo de Jerusalém exaltará a dignidade do cristão, que recebe o mesmo nome de Deus: ambos são chamados "fiéis".[8] E Santo Agostinho explica-o assim: "O homem fiel é aquele que crê no Deus que promete; o Deus fiel é aquele que concede o que prometeu ao homem".[9]

11. Há ainda um aspecto da história de Abraão que é importante para compreender a sua fé. A Palavra de Deus, embora traga consigo novidade e surpresa, não é de forma alguma alheia à experiência do Patriarca. Na voz que se lhe dirige, Abraão reconhece um apelo profundo, desde sempre inscrito no mais íntimo do seu ser. Deus associa a sua promessa com aquele "ponto" onde desde sempre a existência do homem se mostra promissora, ou seja, a paternidade, a geração de uma nova vida: "Sara, tua mulher, dar-te-á um filho, a quem hás de chamar Isaac" (*Gn* 17,19). O mesmo Deus que pede a Abraão para se confiar totalmente a Ele revela-Se como a fonte donde provém toda a vida.

---

[8] Cf. *Catechesis*, V, 1: *PG* 33, 505A.
[9] *Enarratio in Psalmum*, 32, II, s. I, 9: *PL* 36, 284.

Dessa forma, a fé une-se com a Paternidade de Deus, da qual brota a criação: o Deus que chama Abraão é o Deus criador, aquele que "chama à existência o que não existe" (*Rm* 4,17), aquele que, "antes da fundação do mundo [...], nos predestinou para sermos adotados como seus filhos" (*Ef* 1,4-5). No caso de Abraão, a fé em Deus ilumina as raízes mais profundas do seu ser: permite-lhe reconhecer a fonte de bondade que está na origem de todas as coisas, e confirmar que a sua vida não deriva do nada nem do acaso, mas de um chamado e de um amor pessoais. O Deus misterioso que o chamou não é um Deus estranho, mas a origem de tudo e que tudo sustenta. A grande prova da fé de Abraão, o sacrifício do filho Isaac, manifestará até que ponto este amor originador é capaz de garantir a vida mesmo para além da morte. A Palavra que foi capaz de suscitar um filho no seu corpo "já sem vida [...], como sem vida estava o seio" de Sara estéril (*Rm* 4,19), também será capaz de garantir a promessa de um futuro para além de qualquer ameaça ou perigo (cf. *Hb* 11,19; *Rm* 4,21).

A fé de Israel

12. A história do povo de Israel, no livro do Êxodo, continua na esteira da fé de Abraão. De novo, a fé nasce de um dom originador: Israel abre-se à ação de Deus, que quer libertá-lo da sua miséria. A fé é chamada a um longo caminho, para poder adorar o

Senhor no Sinai e herdar uma terra prometida. O amor divino possui os traços de um pai que conduz seu filho pelo caminho (cf. *Dt* 1,31). A confissão de fé de Israel desenrola-se como uma narração dos benefícios de Deus, da sua ação para libertar e conduzir o povo (cf. *Dt* 26,5-11); narração esta que o povo transmite de geração em geração. A luz de Deus brilha para Israel, através da comemoração dos fatos realizados pelo Senhor, recordados e confessados no culto, transmitidos pelos pais aos filhos. Desse modo, aprendemos que a luz trazida pela fé está ligada com a narração concreta da vida, com a grata lembrança dos benefícios de Deus e com o progressivo cumprimento das suas promessas. A arquitetura gótica exprimiu-o muito bem: nas grandes catedrais, a luz chega do céu através dos vitrais onde está representada a história sagrada. A luz de Deus vem-nos através da narração da sua revelação e, assim, é capaz de iluminar o nosso caminho no tempo, recordando os benefícios divinos e mostrando como se cumprem as suas promessas.

13. A história de Israel mostra-nos ainda a tentação da incredulidade, em que o povo caiu várias vezes. Aparece aqui o contrário da fé: a idolatria. Enquanto Moisés fala com Deus no Sinai, o povo não suporta o mistério do rosto divino escondido, não suporta o tempo de espera. Por sua natureza, a fé pede para se renunciar à posse imediata que a visão parece oferecer;

é um convite para se abrir à fonte da luz, respeitando o mistério próprio de um Rosto que pretende revelar-se de forma pessoal e no momento oportuno. Martin Buber citava esta definição da idolatria, dada pelo rabino de Kock: há idolatria "quando um rosto se dirige reverente a um rosto que não é rosto".[10] Em vez da fé em Deus, prefere-se adorar o ídolo, cujo rosto se pode fixar e cuja origem é conhecida, porque foi feito por nós. Diante do ídolo, não se corre o risco de um possível chamado que nos faça sair das próprias seguranças, porque os ídolos "têm boca, mas não falam" (*Sl* 115,5). Compreende-se assim que o ídolo é um pretexto para se colocar a si mesmo no centro da realidade, na adoração da obra das próprias mãos. Perdida a orientação fundamental que dá unidade à sua existência, o homem dispersa--se na multiplicidade dos seus desejos; negando-se a esperar o tempo da promessa, desintegra-se nos mil instantes da sua história. Por isso, a idolatria é sempre politeísmo, movimento sem meta de um senhor para outro. A idolatria não oferece um caminho, mas uma multiplicidade de veredas que não conduzem a uma meta certa, antes se configuram como um labirinto. Quem não quer confiar-se a Deus deve ouvir as vozes dos muitos ídolos que lhe gritam: "Confia-te a mim!" A fé, enquanto ligada à conversão, é o contrário da idolatria: é separação dos ídolos para voltar ao Deus

---

[10] Martin Buber, *Die Erzählungen der Chassidim* (Zurique 1949), 793.

vivo, através de um encontro pessoal. Acreditar significa confiar-se a um amor misericordioso que sempre acolhe e perdoa, que sustenta e guia a existência, que se mostra poderoso na sua capacidade de endireitar os desvios da nossa história. A fé consiste na disponibilidade a deixar-se incessantemente transformar pelo chamado de Deus. Paradoxalmente, neste voltar-se continuamente para o Senhor, o homem encontra uma estrada segura que o liberta do movimento dispersivo a que o sujeitam os ídolos.

14. Na fé de Israel, sobressai também a figura de Moisés, o mediador. O povo não pode ver o rosto de Deus; é Moisés que fala com Javé na montanha e comunica a todos a vontade do Senhor. Com esta presença do mediador, Israel aprendeu a caminhar unido. O ato de fé do indivíduo insere-se em uma comunidade, no "nós" comum do povo, que, na fé, é como um só homem: "o meu filho primogênito", assim Deus designará todo o Israel (cf. *Ex* 4,22). Aqui a mediação não se torna um obstáculo, mas uma abertura: no encontro com os outros, o olhar abre-se para uma verdade maior que nós mesmos. Jean Jacques Rousseau lamentava-se por não poder ver Deus pessoalmente: "Quantos homens entre mim e Deus!" [11] "Será assim tão simples e natural que Deus tenha ido ter com Moisés para falar a Jean Jacques

---

[11] *Émile* (Paris 1966), 387.

Rousseau?"[12] A partir de uma concepção individualista e limitada do conhecimento, é impossível compreender o sentido da mediação: esta capacidade de participar na visão do outro, saber compartilhado que é o conhecimento próprio do amor. A fé é um dom gratuito de Deus, que exige a humildade e a coragem de fiar-se e entregar-se para ver o caminho luminoso do encontro entre Deus e os homens, a história da salvação.

A plenitude da fé cristã

15. "Abraão […] exultou pensando em ver o meu dia; viu-o e ficou feliz" (*Jo* 8,56). De acordo com estas palavras de Jesus, a fé de Abraão estava orientada para Ele, de certo modo era visão antecipada do seu mistério. Assim o entende Santo Agostinho, quando afirma que os Patriarcas se salvaram pela fé; não fé em Cristo já chegado, mas fé em Cristo que havia de vir, fé proclive para o evento futuro de Jesus.[13] A fé cristã está centrada em Cristo; é confissão de que Jesus é o Senhor e de que Deus O ressuscitou de entre os mortos (cf. *Rm* 10,9). Todas as linhas do Antigo Testamento se concentram em Cristo: Ele torna-Se o "sim" definitivo a todas as promessas, fundamento último do nosso "Amém" a Deus (cf. *2Cor* 1,20). A história de

---

[12] *Lettrè à Christophe de Beaumont* (Lausanne 1993), 110.

[13] Cf. *In evangelium Johannis tractatus*, 45, 9: *PL* 35, 1722-1723.

Jesus é a manifestação plena da fiabilidade de Deus. Se Israel recordava os grandes atos de amor de Deus, que formavam o centro da sua confissão e abriam o horizonte da sua fé, agora a vida de Jesus aparece como o lugar da intervenção definitiva de Deus, a suprema manifestação do seu amor por nós. A palavra que Deus nos dirige em Jesus já não é uma entre muitas outras, mas a sua Palavra eterna (cf. *Hb* 1,1-2). Não há nenhuma garantia maior que Deus possa dar para nos certificar do seu amor, como nos lembra São Paulo (cf. *Rm* 8,31-39). Portanto, a fé cristã é fé no Amor pleno, no seu poder eficaz, na sua capacidade de transformar o mundo e iluminar o tempo. "Nós conhecemos o amor que Deus nos tem, pois cremos nele" (*1Jo* 4,16). A fé identifica no amor de Deus manifestado em Jesus o fundamento sobre o qual se assentam a realidade e o seu destino último.

16. A maior prova da fiabilidade do amor de Cristo encontra-se na sua morte pelo homem. Se dar a vida pelos amigos é a maior prova de amor (cf. *Jo* 15,13), Jesus ofereceu a sua vida por todos, mesmo por aqueles que eram inimigos, para transformar o coração. É por isso que os evangelistas situam, na hora da Cruz, o momento culminante do olhar de fé: naquela hora resplandece o amor divino em toda a sua sublimidade e amplitude. São João colocará aqui o seu testemunho solene, quando, juntamente com a Mãe de Jesus,

contemplou Aquele que trespassaram (cf. *Jo* 19,37): "Aquele que viu estas coisas é que dá testemunho delas, e o seu testemunho é verdadeiro. E ele bem sabe que diz a verdade, para vós crerdes também" (*Jo* 19,35). Na sua obra *O Idiota*, Fiódor Mikhailovich Dostoiévski faz o protagonista — o príncipe Myskin — dizer, à vista do quadro de Cristo morto no sepulcro, pintado por Hans Holbein o Jovem: "Aquele quadro poderia mesmo fazer perder a fé a alguém";[14] de fato, o quadro representa, de forma muito crua, os efeitos destruidores da morte no corpo de Cristo. E, todavia, é precisamente na contemplação da morte de Jesus que a fé se reforça e recebe uma luz fulgurante, é quando ela se revela como fé no seu amor inabalável por nós, que é capaz de penetrar na morte para nos salvar. Neste amor que não se subtraiu à morte para manifestar quanto me ama é possível crer; a sua totalidade vence toda e qualquer suspeita e permite confiar-nos plenamente a Cristo.

17. Ora, a morte de Cristo desvenda a total fiabilidade do amor de Deus à luz da sua ressurreição. Enquanto ressuscitado, Cristo é testemunha fiável, digna de fé (cf. *Ap* 1,5; *Hb* 2,17), apoio firme para a nossa fé. "Se Cristo não ressuscitou, é vã a vossa fé", afirma São Paulo (*1Cor* 15,17). Se o amor do Pai não tivesse feito Jesus ressurgir dos mortos, se não tivesse

---

[14] Parte II, IV.

podido restituir a vida ao seu corpo, não seria um amor plenamente fiável, capaz de iluminar também as trevas da morte. Quando São Paulo fala da sua nova vida em Cristo, refere que a vive "na fé do Filho de Deus que me amou e a Si mesmo Se entregou por mim" (*Gl* 2,20). Esta "fé do Filho de Deus" é certamente a fé do Apóstolo dos gentios em Jesus, mas supõe também a fiabilidade de Jesus, que se funda, sem dúvida, no seu amor até a morte, mas também no fato de Ele ser Filho de Deus. Precisamente porque é o Filho, porque está radicado de modo absoluto no Pai, Jesus pôde vencer a morte e fazer resplandecer em plenitude a vida. A nossa cultura perdeu a noção desta presença concreta de Deus, da sua ação no mundo; pensamos que Deus Se encontra só no além, em outro nível de realidade, separado das nossas relações concretas. Mas, se fosse assim, isto é, se Deus fosse incapaz de agir no mundo, o seu amor não seria verdadeiramente poderoso, verdadeiramente real e, por conseguinte, não seria sequer verdadeiro amor, capaz de cumprir a felicidade que promete. E, então, seria completamente indiferente crer ou não crer n'Ele. Ao contrário, os cristãos confessam o amor concreto e poderoso de Deus, que atua verdadeiramente na história e determina o seu destino final; um amor que se fez passível de encontro, que se revelou em plenitude na paixão, morte e ressurreição de Cristo.

18. A plenitude a que Jesus leva a fé possui outro aspecto decisivo: na fé, Cristo não é apenas Aquele em quem acreditamos, a maior manifestação do amor de Deus, mas é também Aquele a quem nos unimos para poder acreditar. A fé não só olha para Jesus, mas olha também a partir da perspectiva de Jesus e com os seus olhos: é uma participação no seu modo de ver. Em muitos âmbitos da vida, fiamo-nos de outras pessoas que conhecem as coisas melhor do que nós: temos confiança no arquiteto que constrói a nossa casa, no farmacêutico que nos fornece o remédio para a cura, no advogado que nos defende no tribunal. Precisamos também de alguém que seja fiável e perito nas coisas de Deus: Jesus, seu Filho, apresenta-Se como Aquele que nos explica Deus (cf. *Jo* 1,18). A vida de Cristo, a sua maneira de conhecer o Pai, de viver totalmente em relação com Ele, abre um espaço novo à experiência humana, e nós podemos entrar nele. São João exprimiu a importância que a relação pessoal com Jesus tem para a nossa fé através de vários usos do verbo *crer*. Juntamente com o "crer que" é verdade o que Jesus nos diz (cf. *Jo* 14,10; 20,31), João usa mais duas expressões: "crer a (sinônimo de dar crédito a)" Jesus e "crer em" Jesus. "Cremos a" Jesus, quando aceitamos a sua palavra, o seu testemunho, porque Ele é verdadeiro (cf. *Jo* 6,30). "Cremos em" Jesus, quando O acolhemos pessoalmente na nossa vida e nos confiamos a Ele,

aderindo a Ele no amor e seguindo-O ao longo do caminho (cf. *Jo* 2,11; 6,47; 12,44).

Para nos permitir conhecê-Lo, acolhê-Lo e segui-Lo, o Filho de Deus assumiu a nossa carne; e, assim, a sua visão do Pai deu-se também de forma humana, através de um caminho e de um percurso no tempo. A fé cristã é fé na encarnação do Verbo e na sua ressurreição na carne; é fé em um Deus que Se fez tão próximo que entrou na nossa história. A fé no Filho de Deus feito homem em Jesus de Nazaré não nos separa da realidade; antes nos permite individuar o seu significado mais profundo, descobrir quanto Deus ama este mundo e o orienta sem cessar para Si; e isto leva o cristão a comprometer-se, a viver de modo ainda mais intenso o seu caminho sobre a terra.

A salvação pela fé

19. A partir desta participação no modo de ver de Jesus, o apóstolo Paulo deixou-nos, nos seus escritos, uma descrição da existência crente. Aquele que acredita, ao aceitar o dom da fé, é transformado em uma nova criatura, recebe um novo ser, um ser filial, torna-se filho no Filho: "*Abbá*, Pai" é a palavra mais característica da experiência de Jesus, que se torna centro da experiência cristã (cf. *Rm* 8,15). A vida na fé, enquanto existência filial, é reconhecer o dom

originário e radical que está na base da existência do homem, podendo resumir-se nesta frase de São Paulo aos Coríntios: "Que tens tu que não tenhas recebido?" (*1Cor* 4,7). É precisamente aqui que se situa o cerne da polêmica do Apóstolo com os fariseus: a discussão sobre a salvação pela fé ou pelas obras da lei. Aquilo que São Paulo rejeita é a atitude de quem se quer justificar a si mesmo diante de Deus através das próprias obras; esta pessoa, mesmo quando obedece aos mandamentos, mesmo quando realiza obras boas, coloca-se a si própria no centro e não reconhece que a origem do bem é Deus. Quem atua assim, quem quer ser fonte da sua própria justiça, depressa a vê exaurir-se e descobre que não pode sequer aguentar-se na fidelidade à lei; fecha-se, isolando-se do Senhor e dos outros, e, por isso, a sua vida torna-se vã, as suas obras estéreis, como árvore longe da água. Assim se exprime Santo Agostinho com a sua linguagem concisa e eficaz: "Não te afastes d'Aquele que te fez, nem mesmo para te encontrares a ti".[15] Quando o homem pensa que, afastando-se de Deus, encontrar-se-á a si mesmo, a sua existência fracassa (cf. *Lc* 15,11-24). O início da salvação é a abertura a algo que nos antecede, a um dom originário que sustenta a vida e a guarda na existência. Só abrindo-nos a esta origem e reconhecendo-a é que podemos ser transformados, deixando que a

---

[15] *De continentia*, 4, 11: *PL* 40, 356 ("ab eo qui fecit te noli deficere nec ad te").

salvação atue em nós e torne a vida fecunda, cheia de frutos bons. A salvação pela fé consiste em reconhecer o primado do dom de Deus, como resume São Paulo: "Porque é pela graça que estais salvos, por meio da fé. E isto não vem de vós, é dom de Deus" (*Ef* 2,8).

20. A nova lógica da fé centra-se em Cristo. A fé em Cristo salva-nos, porque é n'Ele que a vida se abre radicalmente a um Amor que nos precede e transforma a partir de dentro, que age em nós e conosco. Vê-se isto claramente na exegese que o Apóstolo dos gentios faz de um texto do Deuteronômio; uma exegese que se insere na dinâmica mais profunda do Antigo Testamento. Moisés diz ao povo que o mandamento de Deus não está demasiado alto nem demasiado longe do homem; não se deve dizer: "Quem subirá por nós até o céu e no-la irá buscar?" ou "Quem atravessará o mar e no-la irá buscar?" (cf. *Dt* 30,11-14). Esta proximidade da palavra de Deus é concretizada por São Paulo na presença de Jesus no cristão. "Não digas no teu coração: Quem subirá ao céu? Seria para fazer com que Cristo descesse. Nem digas: Quem descerá ao abismo? Seria para fazer com que Cristo subisse de entre os mortos" (*Rm* 10,6-7). Cristo desceu à terra e ressuscitou dos mortos: com a sua encarnação e ressurreição, o Filho de Deus abraçou o percurso inteiro do homem e habita nos nossos corações por meio do Espírito Santo. A fé sabe que Deus Se tornou muito próximo de nós, que Cristo nos foi oferecido como grande dom que nos

transforma interiormente, que habita em nós, e assim nos dá a luz que ilumina a origem e o fim da vida, o arco inteiro do percurso humano.

21. Podemos assim compreender a novidade a que a fé nos conduz. O crente é transformado pelo Amor, ao qual se abriu na fé; e, na sua abertura a este Amor que lhe é oferecido, a sua existência dilata-se para além dele próprio. São Paulo pode afirmar: "Já não sou eu que vivo, mas é Cristo que vive em mim" (*Gl* 2,20), e exortar: "Que Cristo, pela fé, habite nos vossos corações" (*Ef* 3,17). Na fé, o "eu" do crente dilata-se para ser habitado por um Outro, para viver em um Outro, e assim a sua vida amplia-se no Amor. É aqui que se situa a ação própria do Espírito Santo: o cristão pode ter os olhos de Jesus, os seus sentimentos, a sua predisposição filial, porque é feito participante do seu Amor, que é o Espírito; é neste Amor que se recebe, de algum modo, a visão própria de Jesus. Fora desta conformação no Amor, fora da presença do Espírito que o infunde nos nossos corações (cf. *Rm* 5,5), é impossível confessar Jesus como Senhor (cf. *1Cor* 12,3).

A forma eclesial da fé

22. Desse modo, a vida do fiel torna-se existência eclesial. Quando São Paulo fala aos cristãos de Roma do único corpo que todos os crentes formam em Cristo, exorta-os a não se vangloriarem, mas a avaliarem-se

"de acordo com a medida de fé que Deus distribuiu a cada um" (*Rm* 12,3). O crente aprende a ver-se a si mesmo a partir da fé que professa. A figura de Cristo é o espelho em que descobre realizada a sua própria imagem. E, dado que Cristo abraça em Si mesmo todos os crentes que formam o seu corpo, o cristão compreende-se a si mesmo neste corpo, em relação primordial com Cristo e os irmãos na fé. A imagem do corpo não pretende reduzir o crente a simples parte de um todo anônimo, a mero elemento de uma grande engrenagem; antes, sublinha a união vital de Cristo com os crentes e de todos os crentes entre si (cf. *Rm* 12,4-5). Os cristãos sejam "todos um só" (cf. *Gl* 3,28), sem perder a sua individualidade, e, no serviço aos outros, cada um ganha profundamente o próprio ser. Compreende-se assim por que motivo, fora deste corpo, desta unidade da Igreja em Cristo — desta Igreja que, segundo as palavras de Romano Guardini, "é a portadora histórica do olhar global de Cristo sobre o mundo"[16] —, a fé perca a sua "medida", já não encontre o seu equilíbrio, nem o espaço necessário para se manter de pé. A fé tem uma forma necessariamente eclesial, é professada partindo do corpo de Cristo, como comunhão concreta dos crentes. A partir deste lugar eclesial, ela abre o indivíduo cristão a todos os

---

[16] "Vom Wesen katholischer Weltanschauung (1923)", in: *Unterscheidung des Christlichen. Gesammelte Studien 1923-1963* (Mainz 1963), 24.

homens. Uma vez escutada, a palavra de Cristo, pelo seu próprio dinamismo, transforma-se em resposta no cristão, tornando-se ela mesma palavra pronunciada, confissão de fé. São Paulo afirma: "Realmente com o coração se crê [...] e com a boca se faz a profissão de fé" (*Rm* 10,10). A fé não é um fato privado, uma concepção individualista, uma opinião subjetiva, mas nasce de uma escuta e destina-se a ser pronunciada e a tornar-se anúncio. Com efeito, "como hão de acreditar n'Aquele de quem não ouviram falar? E como hão de ouvir falar, sem alguém que O anuncie? (*Rm* 10,14). Concluindo, a fé torna-se operativa no cristão a partir do dom recebido, a partir do Amor que o atrai para Cristo (cf. *Gl* 5,6) e torna participante do caminho da Igreja, peregrina na história rumo à perfeição. Para quem foi assim transformado, abre-se um novo modo de ver, a fé torna-se luz para os seus olhos.

Capítulo II
SE NÃO ACREDITARDES, NÃO COMPREENDEREIS (CF. *IS* 7,9)

Fé e verdade

23. Se não acreditardes, não compreendereis (cf. *Is* 7,9): foi assim que a versão grega da Bíblia hebraica — a tradução dos Setenta, feita em Alexandria do Egito — traduziu as palavras do profeta Isaías ao rei Acaz, fazendo aparecer como central, na fé, a questão do conhecimento da verdade. Entretanto, no texto hebraico, há uma leitura diferente; aqui o profeta diz ao rei: "Se não o acreditardes, não subsistireis". Existe aqui um jogo de palavras com duas formas do verbo *'amàn*: "acreditardes" (*ta'aminu*) e "subsistireis" (*te'amenu*). Apavorado com a força dos seus inimigos, o rei busca a segurança que lhe pode vir de uma aliança com o grande império da Assíria; mas o profeta convida-o a confiar apenas na verdadeira rocha que não vacila: o Deus de Israel. Uma vez que Deus é fiável, é razoável ter fé n'Ele, construir a própria segurança sobre a sua Palavra. Este é o Deus que Isaías chamará mais adiante, por duas vezes, de o

Deus-Amém, o "Deus fiel" (cf. *Is* 65,16), fundamento inabalável de fidelidade à aliança. Poder-se-ia pensar que a versão grega da Bíblia, traduzindo "subsistir" por "compreender", tivesse realizado uma mudança profunda do texto, passando da noção bíblica de entrega a Deus à noção grega de compreensão. E, no entanto, esta tradução, que aceitava certamente o diálogo com a cultura helenista, não é alheia à dinâmica profunda do texto hebraico; a firmeza que Isaías promete ao rei passa, realmente, pela compreensão do agir de Deus e da unidade que Ele dá à vida do homem e à história do povo. O profeta exorta a compreender os caminhos do Senhor, encontrando na fidelidade de Deus o plano de sabedoria que governa os séculos. Esta síntese entre o "compreender" e o "subsistir" é expressa por Santo Agostinho, nas suas *Confissões*, quando fala da verdade em que se pode confiar para conseguirmos ficar de pé: "Estarei firme e consolidar-me-ei em Ti [...], na tua verdade".[17] Vendo o contexto, sabemos que este Padre da Igreja quer mostrar que esta verdade fidedigna de Deus é, como resulta da Bíblia, a sua presença fiel ao longo da história, a sua capacidade de manter unidos os tempos, recolhendo a dispersão dos dias do homem.[18]

24. Lido a esta luz, o texto de Isaías faz-nos concluir: o homem precisa de conhecimento, precisa

---

[17] *Confessiones*, XI, 30, 40: *PL* 32, 825.
[18] Cf. *ibid.: o. c.*, 825-826.

de verdade, porque sem ela não se mantém de pé, não se caminha. Sem verdade, a fé não salva, não torna seguros os nossos passos. Seria uma linda fábula, a projeção dos nossos desejos de felicidade, algo que nos satisfaz só à medida que nos quisermos iludir; ou então reduzir-se-ia a um sentimento bom que consola e afaga, mas permanece sujeito às nossas mudanças de ânimo, à variação dos tempos, incapaz de sustentar um caminho constante na vida. Se a fé fosse isso, então o rei Acaz teria razão para não jogar a sua vida e a segurança do seu reino sobre uma emoção. Mas não é! Precisamente pela sua ligação intrínseca com a verdade, a fé é capaz de oferecer uma luz nova, superior aos cálculos do rei, porque vê mais longe, compreende o agir de Deus, que é fiel à sua aliança e às suas promessas.

25. Lembrar esta ligação da fé com a verdade é hoje mais necessário do que nunca, precisamente por causa da crise de verdade em que vivemos. Na cultura contemporânea, tende-se frequentemente a aceitar como verdade apenas a da tecnologia: é verdadeiro aquilo que o homem consegue construir e medir com a sua ciência; é verdadeiro porque funciona, e assim torna a vida mais cômoda e aprazível. Esta verdade parece ser, hoje, a única certa, a única partilhável com os outros, a única sobre a qual se pode conjuntamente discutir e comprometer-se; depois haveria as verdades do indivíduo, como ser autêntico face àquilo que cada um sente no seu íntimo, válidas apenas para o

sujeito mas que não podem ser propostas aos outros com a pretensão de servir o bem comum. A verdade grande, aquela que explica o conjunto da vida pessoal e social, é vista com suspeita. Porventura não foi esta — perguntam-se — a verdade pretendida pelos grandes totalitarismos do século passado, uma verdade que impunha a própria concepção global para esmagar a história concreta do indivíduo? No fim, resta apenas um relativismo, no qual a questão sobre a verdade de tudo — que, no fundo, é também a questão de Deus — já não interessa. Nesta perspectiva, é lógico que se pretenda eliminar a ligação da religião com a verdade, porque esta associação estaria na raiz do fanatismo, que quer emudecer quem não partilha da crença própria. A este respeito, pode-se falar de uma grande obnubilação da memória no nosso mundo contemporâneo; de fato, a busca da verdade é uma questão de memória, de memória profunda, porque visa a algo que nos precede e, dessa forma, pode conseguir unir-nos para além do nosso "eu" pequeno e limitado; é uma questão relativa à origem de tudo, a cuja luz se pode ver a meta e também o sentido da estrada comum.

O conhecimento da verdade e o amor

26. Nesta situação, poderá a fé cristã prestar um serviço ao bem comum relativamente à maneira correta de entender a verdade? Para termos uma resposta, é

necessário refletir sobre o tipo de conhecimento próprio da fé. Pode ajudar-nos esta frase de Paulo: "Acredita-se com o coração" (*Rm* 10,10). Este, na Bíblia, é o centro do homem, onde se entrecruzam todas as suas dimensões: o corpo e o espírito, a interioridade da pessoa e a sua abertura ao mundo e aos outros, a inteligência, a vontade, a afetividade. O coração pode manter unidas estas dimensões, porque é o lugar onde nos abrimos à verdade e ao amor, deixando que nos toquem e transformem profundamente. A fé transforma a pessoa inteira, precisamente à medida que ela se abre ao amor; é neste entrelaçamento da fé com o amor que se compreende a forma de conhecimento própria da fé, a sua força de convicção, a sua capacidade de iluminar os nossos passos. A fé conhece à medida que está ligada ao amor, já que o próprio amor traz uma luz. A compreensão da fé é aquela que nasce quando recebemos o grande amor de Deus, que nos transforma interiormente e nos dá olhos novos para ver a realidade.

27. É conhecido o modo como o filósofo Ludwig Wittgenstein explicou a ligação entre a fé e a certeza. Segundo ele, acreditar seria comparável à experiência do enamoramento, concebida como algo de subjetivo, impossível de propor como verdade válida para todos.[19] De fato, aos olhos do homem moderno, parece que a

---

[19] Cf. G. H. von Wright (coord.), *Vermischte Bemerkungen / Culture and Value* (Oxford 1991), 32-33 e 61-64.

questão do amor não teria nada a ver com a verdade; o amor surge, hoje, como uma experiência ligada, não à verdade, mas ao mundo inconstante dos sentimentos.

Mas será esta verdadeiramente uma descrição adequada do amor? Na realidade, o amor não se pode reduzir a um sentimento que vai e vem. É verdade que o amor tem a ver com a nossa afetividade, mas para a abrir à pessoa amada, e assim iniciar um caminho que faz sair da reclusão no próprio eu e dirigir-se para a outra pessoa, a fim de construir uma relação duradoura; o amor visa à união com a pessoa amada. E aqui se manifesta em que sentido o amor tem necessidade da verdade: apenas à medida que o amor estiver fundado na verdade é que pode perdurar no tempo, superar o instante efêmero e permanecer firme para sustentar um caminho comum. Se o amor não tivesse relação com a verdade, estaria sujeito à alteração dos sentimentos e não superaria a prova do tempo. Diversamente, o amor verdadeiro unifica todos os elementos da nossa personalidade e torna-se uma luz nova que aponta para uma vida grande e plena. Sem a verdade, o amor não pode oferecer um vínculo sólido, não consegue arrancar o "eu" para fora do seu isolamento, nem libertá-lo do instante fugidio para edificar a vida e produzir fruto.

Se o amor tem necessidade da verdade, também a verdade precisa do amor; amor e verdade não se podem separar. Sem o amor, a verdade torna-se fria, impessoal, gravosa para a vida concreta da pessoa. A verdade que buscamos, a verdade que dá significado aos nossos passos, ilumina-nos quando somos tocados pelo amor. Quem ama, compreende que o amor é experiência da verdade, compreende que é precisamente ele que abre os nossos olhos para verem a realidade inteira, de maneira nova, em união com a pessoa amada. Nesse sentido, escreveu São Gregório Magno que o próprio amor é um conhecimento,[20] traz consigo uma lógica nova. Trata-se de um modo relacional de olhar o mundo, que se torna conhecimento partilhado, visão na visão do outro e visão comum sobre todas as coisas. Na Idade Média, Guilherme de Saint Thierry adota esta tradição, ao comentar um versículo do Cântico dos Cânticos no qual o amado diz à amada: "Como são lindos os teus olhos de pomba!" (*Ct* 1,15).[21] Esses dois olhos — explica Saint Thierry — são a razão crente e o amor, que se tornam um único olhar para chegar à contemplação de Deus, quando a inteligência se faz "entendimento de um amor iluminado".[22]

28. Essa descoberta do amor como fonte de conhecimento, que pertence à experiência primordial de cada homem, encontra uma expressão categorizada

---

[20] Cf. *Homiliae in Evangelia*, II, 27, 4: *PL* 76, 1207 ("amor ipse notitia est").

[21] Cf. *Expositio super Cantica Canticorum*, XVIII, 88: *CCL, Continuatio Mediaevalis*, 87, 67.

[22] *Ibid.*, XIX, 90: *o. c.*, 87, 69.

na concepção bíblica da fé. Israel, saboreando o amor com que Deus o escolheu e gerou como povo, chega a compreender a unidade do desígnio divino, desde a origem à sua realização. O conhecimento da fé, pelo fato de nascer do amor de Deus que estabelece a Aliança, é conhecimento que ilumina um caminho na história. É por isso também que, na Bíblia, verdade e fidelidade caminham juntas: o Deus verdadeiro é o Deus fiel, Aquele que mantém as suas promessas e permite, com o decorrer do tempo, compreender o seu desígnio. Através da experiência dos profetas, no sofrimento do exílio e na esperança de um regresso definitivo à Cidade Santa, Israel intuiu que esta verdade de Deus se estendia mais além da própria história, abraçando a história inteira do mundo a começar da criação. O conhecimento da fé ilumina não só o caminho particular de um povo, mas também o percurso inteiro do mundo criado, desde a origem até a sua consumação.

A fé como escuta e visão

29. Justamente porque o conhecimento da fé está ligado à aliança de um Deus fiel, que estabelece uma relação de amor com o homem e lhe dirige a Palavra, é apresentado pela Bíblia como escuta, aparece associado com o ouvido. São Paulo usará uma fórmula que se tornou clássica: *"fides ex auditu* — a fé vem da escuta" (*Rm* 10,17). O conhecimento associado à palavra é

sempre conhecimento pessoal, que reconhece a voz, se lhe abre livremente e a segue obedientemente. Por isso, São Paulo falou da "obediência da fé" (cf. *Rm* 1,5; 16,26).[23] Além disso, a fé é conhecimento ligado ao transcorrer do tempo que a palavra necessita para ser explicitada: é conhecimento que só se aprende em um percurso de seguimento. A escuta ajuda a identificar bem o nexo entre conhecimento e amor.

A propósito do conhecimento da verdade, pretendeu-se por vezes contrapor a escuta à visão, a qual seria peculiar da cultura grega. Se a luz, por um lado, oferece a contemplação da totalidade a que o homem sempre aspirou, por outro, parece não deixar espaço à liberdade, pois desce do céu e chega diretamente à vista, sem lhe pedir que responda. Além disso, parece convidar a uma contemplação estática, separada do tempo concreto em que o homem goza e sofre. Segundo esta concepção, haveria oposição entre a abordagem bíblica do conhecimento e a grega, a qual, na sua bus-

---

[23] "A Deus que revela é devida a 'obediência da fé' (*Rm* 16,26; cf. *Rm* 1,5; *2Cor* 10,5-6); pela fé, o homem entrega-se total e livremente a Deus, oferecendo ao Deus revelador o obséquio pleno da inteligência e da vontade e prestando voluntário assentimento à sua revelação. Para prestar esta adesão da fé, são necessários a prévia e concomitante ajuda da graça divina e os interiores auxílios do Espírito Santo, o qual move e converte a Deus o coração, abre os olhos do entendimento, e dá a todos suavidade em aceitar a verdade e nela crer. Para que a compreensão da revelação seja sempre mais profunda, o mesmo Espírito Santo aperfeiçoa sem cessar a fé mediante os seus dons" (Conc. Ecum. Vat. II, Const. dogm. sobre a divina Revelação *Dei Verbum*, 5).

ca de uma compreensão completa da realidade, teria associado o conhecimento com a visão.

Mas tal suposta oposição não é corroborada de forma alguma pelos dados bíblicos: o Antigo Testamento combinou os dois tipos de conhecimento, unindo a escuta da Palavra de Deus com o desejo de ver o seu rosto. Isso tornou possível entabular diálogo com a cultura helenista, um diálogo que pertence ao coração da Escritura. O ouvido atesta não só o chamado pessoal e a obediência, mas também que a verdade se revela no tempo; a vista, por sua vez, oferece a visão plena de todo o percurso, permitindo situar-nos no grande projeto de Deus; sem tal visão, disporíamos apenas de fragmentos isolados de um todo desconhecido.

30. A conexão entre o ver e o ouvir, como órgãos do conhecimento da fé, aparece com a máxima clareza no Evangelho de João, onde acreditar é simultaneamente ouvir e ver. A escuta da fé verifica-se segundo a forma de conhecimento própria do amor: é uma escuta pessoal, que distingue e reconhece a voz do Bom Pastor (cf. *Jo* 10,3-5); uma escuta que requer o seguimento, como acontece com os primeiros discípulos que, "ouvindo [João Batista] falar desta maneira, seguiram Jesus" (*Jo* 1,37). Por outro lado, a fé está ligada também com a visão: umas vezes, a visão dos sinais de Jesus precede a fé, como sucede com os judeus que, depois da ressurreição de Lázaro, "ao verem o que Jesus fez,

creram n'Ele" (*Jo* 11,45); outras vezes, é a fé que leva a uma visão mais profunda: "Se acreditares, verás a glória de Deus" (*Jo* 11,40). Por fim, acreditar e ver cruzam-se: "Quem crê em Mim [...] crê n'Aquele que Me enviou; e quem Me vê, vê Aquele que Me enviou" (*Jo* 12,44-45). O ver, graças à sua união com o ouvir, torna-se seguimento de Cristo; e a fé aparece como um caminho do olhar em que os olhos se habituam a ver em profundidade. E assim, na manhã de Páscoa, de João — que, ainda na escuridão perante o túmulo vazio, "viu e começou a crer" (*Jo* 20,8) — passa-se a Maria Madalena — que já vê Jesus (cf. *Jo* 20,14) e quer retê-Lo, mas é convidada a contemplá-Lo no seu caminho para o Pai —, até a plena confissão da própria Madalena diante dos discípulos: "Vi o Senhor!" (*Jo* 20,18).

Como se chega a esta síntese entre o ouvir e o ver? A partir da pessoa concreta de Jesus, que Se vê e escuta. Ele é a Palavra que Se fez carne e cuja glória contemplamos (cf. *Jo* 1,14). A luz da fé é a luz de um Rosto, no qual se vê o Pai. De fato, no quarto Evangelho, a verdade que a fé apreende é a manifestação do Pai no Filho, na sua carne e nas suas obras terrenas; verdade essa que se pode definir como a "vida luminosa" de Jesus.[24] Isso significa que o conhecimento

---

[24] Cf. Heinrich Schlier, "Meditationen über den Johanneischen Begriff der Wahrheit", in: *Besinnung auf das Neue Testament. Exegetische Aufsätze und Vorträge 2* (Friburgo, Basel, Viena 1959), 272.

da fé não nos convida a olhar uma verdade puramente interior; a verdade que a fé nos descerra é uma verdade centrada no encontro com Cristo, na contemplação da sua vida, na percepção da sua presença. Nesse sentido e a propósito da visão corpórea do Ressuscitado, São Tomás de Aquino fala de *oculata fides* (uma fé que vê) dos Apóstolos:[25] viram Jesus ressuscitado com os seus olhos e acreditaram, isto é, puderam penetrar na profundidade daquilo que viam para confessar o Filho de Deus, sentado à direita do Pai.

31. Só assim, através da encarnação, através da partilha da nossa humanidade, podia chegar à plenitude o conhecimento próprio do amor. De fato, a luz do amor nasce quando somos tocados no coração, recebendo assim, em nós, a presença interior do amado, que nos permite reconhecer o seu mistério. Compreendemos agora por que motivo, para João, a fé seja, juntamente com o escutar e o ver, um tocar, como nos diz na sua Primeira Carta: "O que ouvimos, o que vimos [...] e as nossas mãos tocaram relativamente ao Verbo da Vida" (*1Jo* 1,1). Por meio da sua encarnação, com a sua vinda entre nós, Jesus tocou-nos e, através dos sacramentos, ainda hoje nos toca; dessa forma, transformando o nosso coração, permitiu-nos — e permite--nos — reconhecê-Lo e confessá-Lo como Filho de

---

[25] Cf. *Summa theologiae*, III, q. 55, a. 2, ad 1.

Deus. Pela fé, podemos tocá-Lo e receber a força da sua graça. Santo Agostinho, comentando a passagem da hemorroíssa que toca Jesus para ser curada (cf. *Lc* 8,45-46), afirma: "Tocar com o coração, isto é crer".[26] A multidão comprime-se ao redor de Jesus, mas não O alcança com aquele toque pessoal da fé que reconhece o seu mistério, o seu ser Filho que manifesta o Pai. Só quando somos configurados com Jesus é que recebemos o olhar adequado para O ver.

O diálogo entre fé e razão

32. A fé cristã, enquanto anuncia a verdade do amor total de Deus e abre para a força deste amor, chega ao centro mais profundo da experiência de cada homem, que vem à luz graças ao amor e é chamado ao amor para permanecer na luz. Movidos pelo desejo de iluminar a realidade inteira a partir do amor de Deus manifestado em Jesus e procurando amar com este mesmo amor, os primeiros cristãos encontraram no mundo grego, na sua fome de verdade, um parceiro idôneo para o diálogo. O encontro da mensagem evangélica com o pensamento filosófico do mundo antigo constituiu uma passagem decisiva para o Evangelho chegar a todos os povos e favoreceu uma fecunda sinergia entre fé e razão, que se foi desenvolvendo

---

[26] *Sermo* 229/L, 2: *PLS* 2, 576 ("Tangere autem corde, hoc est credere").

no decurso dos séculos até os nossos dias. O Beato João Paulo II, na sua carta encíclica *Fides et ratio*, mostrou como fé e razão se reforçam mutuamente.[27] Depois de ter encontrado a luz plena do amor de Jesus, descobrimos que havia, em todo o nosso amor, um lampejo daquela luz e compreendemos qual era a sua meta derradeira; e, simultaneamente, o fato de o nosso amor trazer em si uma luz ajuda-nos a ver o caminho do amor rumo à plenitude da doação total do Filho de Deus por nós. Neste movimento circular, a luz da fé ilumina todas as nossas relações humanas, que podem ser vividas em união com o amor e a ternura de Cristo.

33. Na vida de Santo Agostinho, encontramos um exemplo significativo deste caminho: a busca da razão, com o seu desejo de verdade e clareza, aparece integrada no horizonte da fé, do qual recebeu uma nova compreensão. Por um lado, acolhe a filosofia grega da luz com a sua insistência na visão: o seu encontro com o neoplatonismo fez-lhe conhecer o paradigma da luz, que desce do alto para iluminar as coisas, tornando--se assim um símbolo de Deus. Dessa maneira, Santo Agostinho compreendeu a transcendência divina e descobriu que todas as coisas possuem em si uma transparência, isto é, que podiam refletir a bondade de Deus, o Bem; assim se libertou do maniqueísmo, em

---

[27] Cf. n. 73: *AAS* (1999), 61-62.

que antes vivia, que o inclinava a pensar que o bem e o mal lutassem continuamente entre si, confundindo-se e misturando-se, sem contornos claros. O fato de ter compreendido que Deus é luz deu à sua existência uma nova orientação, a capacidade de reconhecer o mal de que era culpado e voltar-se para o bem.

Mas, por outro lado, na experiência concreta de Agostinho, que ele próprio narra nas suas *Confissões*, o momento decisivo no seu caminho de fé não foi uma visão de Deus para além deste mundo, mas a escuta, quando no jardim ouviu uma voz que lhe dizia: "Toma e lê"; ele pegou no tomo com as Cartas de São Paulo, detendo-se no capítulo décimo terceiro da Carta aos Romanos.[28] Temos aqui o Deus pessoal da Bíblia, capaz de falar ao homem, descer para viver com ele e acompanhar o seu caminho na história, manifestando-Se no tempo da escuta e da resposta.

Mas esse encontro com o Deus da Palavra não levou Santo Agostinho a rejeitar a luz e a visão, mas integrou ambas as perspectivas, guiado sempre pela revelação do amor de Deus em Jesus. Desse modo, elaborou uma filosofia da luz que reúne em si a reciprocidade própria da palavra e abre um espaço à liberdade própria do olhar para a luz: tal como à palavra corresponde uma resposta livre, assim também a luz

---

[28] Cf. *Confessiones*, VIII, 12, 29: *PL* 32, 762.

encontra como resposta uma imagem que a reflete. Desse modo, associando escuta e visão, Santo Agostinho pôde referir-se à "palavra que resplandece no interior do homem".[29] A luz torna-se, por assim dizer, a luz de uma palavra, porque é a luz de um Rosto pessoal, uma luz que, ao iluminar-nos, nos chama e quer refletir-se no nosso rosto para resplandecer a partir do nosso íntimo. Por outro lado, o desejo da visão do todo, e não apenas dos fragmentos da história, continua presente e cumprir-se-á no fim, quando o homem — como diz o Santo de Hipona — poderá ver e amar;[30] e isto, não por ser capaz de possuir a luz toda, já que esta será sempre inexaurível, mas por entrar, todo inteiro, na luz.

34. A luz do amor, própria da fé, pode iluminar as perguntas do nosso tempo acerca da verdade. Muitas vezes, hoje, a verdade é reduzida a autenticidade subjetiva do indivíduo, válida apenas para a vida individual. Uma verdade comum mete-nos medo, porque a identificamos — como dissemos atrás — com a imposição intransigente dos totalitarismos; mas, se ela é a verdade do amor, se é a verdade que se mostra no encontro pessoal com o Outro e com os outros, então fica livre da reclusão no indivíduo e pode fazer parte do bem comum. Sendo a verdade de um amor, não é

---

[29] *De Trinitate*, XV, 11, 20: *PL* 42, 1071.
[30] Cf. *De civitate Dei*, XXII, 30, 5: *PL* 41, 804.

verdade que se impõe pela violência, não é verdade que esmaga o indivíduo; nascendo do amor pode chegar ao coração, ao centro pessoal de cada homem; daqui resulta claramente que a fé não é intransigente, mas cresce na convivência que respeita o outro. O crente não é arrogante; pelo contrário, a verdade torna-o humilde, sabendo que, mais do que possuirmo-la nós, é ela que nos abraça e possui. Longe de nos endurecer, a segurança da fé põe-nos a caminho e torna possível o testemunho e o diálogo com todos.

Por outro lado, enquanto unida à verdade do amor, a luz da fé não é alheia ao mundo material, porque o amor vive-se sempre com corpo e alma; a luz da fé é luz encarnada, que dimana da vida luminosa de Jesus. A fé ilumina também a matéria, confia na sua ordem, sabe que nela se abre um caminho cada vez mais amplo de harmonia e compreensão. Desse modo, o olhar da ciência tira benefício da fé: esta convida o cientista a permanecer aberto à realidade, em toda a sua riqueza inesgotável. A fé desperta o sentido crítico, enquanto impede a pesquisa de se deter, satisfeita, nas suas fórmulas e ajuda-a a compreender que a natureza sempre as ultrapassa. Convidando a maravilhar-se diante do mistério da criação, a fé alarga os horizontes da razão para iluminar melhor o mundo que se abre aos estudos da ciência.

A fé e a busca de Deus

35. A luz da fé em Jesus ilumina também o caminho de todos aqueles que procuram a Deus e oferece a contribuição própria do cristianismo para o diálogo com os seguidores das diferentes religiões. A Carta aos Hebreus fala-nos do testemunho dos justos que, antes da Aliança com Abraão, já procuravam a Deus com fé; lá se diz, a propósito de Henoc, que "tinha agradado a Deus", sendo isso impossível sem a fé, porque "quem se aproxima de Deus tem de acreditar que Ele existe e que recompensa aqueles que O procuram" (*Hb* 11,5.6). Desse modo, é possível compreender que o caminho do homem religioso passa pela confissão de um Deus que cuida dele e que Se pode encontrar. Que outra recompensa poderia Deus oferecer àqueles que O buscam, senão deixar-Se encontrar a Si mesmo? Ainda antes de Henoc, encontramos a figura de Abel, de quem se louva igualmente a fé, em virtude da qual foram agradáveis a Deus os seus dons, a oferenda dos primogênitos dos seus rebanhos (cf. *Hb* 11,4). O homem religioso procura reconhecer os sinais de Deus nas experiências diárias da sua vida, no ciclo das estações, na fecundidade da terra e em todo o movimento do universo. Deus é luminoso, podendo ser encontrado também por aqueles que O buscam de coração sincero.

Imagem desta busca são os Magos, guiados pela estrela até Belém (cf. *Mt* 2,1-12). A luz de Deus mostrou-se-lhes como caminho, como estrela que os guia ao longo de uma estrada a descobrir. Desse modo, a estrela fala da paciência de Deus com os nossos olhos, que devem habituar-se ao seu fulgor. Encontrando-se a caminho, o homem religioso deve estar pronto a deixar-se guiar, a sair de si mesmo para encontrar o Deus que não cessa de nos surpreender. Esse respeito de Deus pelos olhos do homem mostra-nos que, quando o homem se aproxima d'Ele, a luz humana não se dissolve na imensidão luminosa de Deus, como se fosse uma estrela absorvida pela aurora, mas torna-se tanto mais brilhante quanto mais perto fica do fogo gerador, como um espelho que reflete o resplendor. A confissão de Jesus, único Salvador, afirma que toda a luz de Deus se concentrou n'Ele, na sua "vida luminosa", em que se revela a origem e a consumação da história.[31] Não há nenhuma experiência humana, nenhum itinerário do homem para Deus que não possa ser acolhido, iluminado e purificado por esta luz. Quanto mais o cristão penetrar no círculo aberto pela luz de Cristo, tanto mais será capaz de compreender e acompanhar o caminho de cada homem para Deus.

Configurando-se como caminho, a fé tem a ver também com a vida dos homens que, apesar de não acreditarem, desejam-no fazer e não cessam de procurar. À medida que se abrem, de coração sincero,

---

[31] Cf. Congr. para a Doutrina da Fé, Decl. *Dominus Iesus* (6 de agosto de 2000), 15: *AAS* 92 (2000), 756.

ao amor e se põem a caminho com a luz que conseguem captar, já vivem — sem o saber — no caminho para a fé: procuram agir como se Deus existisse, seja porque reconhecem a sua importância para encontrar diretrizes firmes na vida comum, seja porque sentem o desejo de luz no meio da escuridão, seja ainda porque, notando como é grande e bela a vida, intuem que a presença de Deus ainda a tornaria maior. Santo Ireneu de Lião refere que Abraão, antes de ouvir a voz de Deus, já O procurava "com o desejo ardente do seu coração" e "percorria todo o mundo, perguntando-se onde pudesse estar Deus", até que "Deus teve piedade daquele que, sozinho, O procurava no silêncio".[32] Quem se põe a caminho para praticar o bem já se aproxima de Deus, já está sustentado pela sua ajuda, porque é próprio da dinâmica da luz divina iluminar os nossos olhos, quando caminhamos para a plenitude do amor.

Fé e teologia

36. Como luz que é, a fé convida-nos a penetrar nela, a explorar sempre mais o horizonte que ilumina, para conhecer melhor o que amamos. Desse desejo nasce a teologia cristã; assim, é claro que a teologia é impossível sem a fé e pertence ao próprio movimento da fé, que procura a compreensão mais profunda da

---

[32] *Demonstratio apostolicae praedicationis*, 24: *SC* 406, 117.

autorrevelação de Deus, culminada no Mistério de Cristo. A primeira consequência é que, na teologia, não se verifica apenas um esforço da razão para perscrutar e conhecer, como nas ciências experimentais. Deus não pode ser reduzido a objeto; Ele é Sujeito que Se dá a conhecer e se manifesta na relação de pessoa a pessoa. A fé reta orienta a razão para se abrir à luz que vem de Deus, a fim de que ela, guiada pelo amor à verdade, possa conhecer Deus de forma mais profunda. Os grandes doutores e teólogos medievais declararam que a teologia, enquanto ciência da fé, é uma participação no conhecimento que Deus tem de Si mesmo. Por isso, a teologia não é apenas palavra sobre Deus, mas, antes de tudo, acolhimento e busca de uma compreensão mais profunda da palavra que Deus nos dirige: palavra que Deus pronuncia sobre Si mesmo, porque é um diálogo eterno de comunhão, no âmbito do qual é admitido o homem.[33] Assim, é própria da teologia a humildade, que se deixa "tocar" por Deus, reconhece os seus limites face ao Mistério e se encoraja a explorar, com a disciplina própria da razão, as riquezas insondáveis deste Mistério.

Além disso, a teologia partilha a forma eclesial da fé; a sua luz é a luz do sujeito crente que é a Igreja.

---

[33] Cf. Boaventura, *Breviloquium*, Prol.: *Opera Omnia*, V (Quaracchi 1891), 201; *In I librum sententiarum*, Proem., q. 1, resp.: *Opera Omnia*, I (Quaracchi 1891), 7; Tomás de Aquino, *Summa theologiae*, I, q. 1.

Isso implica, por um lado, que a teologia esteja ao serviço da fé dos cristãos, vise humildemente preservar e aprofundar o crer de todos, sobretudo dos mais simples; e, por outro, dado que vive da fé, a teologia não considera o magistério do Papa e dos Bispos em comunhão com ele como algo de extrínseco, um limite à sua liberdade, mas, pelo contrário, como um dos seus momentos internos constitutivos, enquanto o magistério assegura o contato com a fonte originária, oferecendo assim a certeza de beber na Palavra de Cristo em toda a sua integridade.

Capítulo III

TRANSMITO-VOS AQUILO QUE RECEBI (CF. *1COR* 15,3)

A Igreja, mãe da nossa fé

37. Quem se abriu ao amor de Deus, acolheu a sua voz e recebeu a sua luz não pode guardar este dom para si mesmo. Uma vez que é escuta e visão, a fé transmite-se também como palavra e como luz; dirigindo-se aos Coríntios, o apóstolo Paulo utiliza precisamente estas duas imagens. Por um lado, diz: "Animados do mesmo espírito de fé, conforme o que está escrito: Acreditei e por isso falei, também nós acreditamos e por isso falamos" (*2Cor* 4,13); a palavra recebida faz-se resposta, confissão, e assim ecoa para os outros, convidando-os a crer. Por outro, São Paulo refere-se também à luz: "E nós todos que, com o rosto descoberto, refletimos a glória do Senhor, somos transfigurados na sua própria imagem" (*2Cor* 3,18); é uma luz que se reflete de rosto em rosto, como sucedeu com Moisés, cujo rosto refletia a glória de Deus depois de ter falado com Ele: "[Deus] brilhou nos nossos corações, para irradiar o

conhecimento da glória de Deus, que resplandece na face de Cristo" (*2Cor* 4,6). A luz de Jesus brilha no rosto dos cristãos como em um espelho, e assim se difunde chegando até nós, para que também nós possamos participar desta visão e refletir para outros a sua luz, da mesma forma que a luz do círio, na liturgia de Páscoa, acende muitas outras velas. A fé transmite-se por assim dizer sob a forma de contato, de pessoa a pessoa, como uma chama se acende em outra chama. Os cristãos, na sua pobreza, lançam uma semente tão fecunda que se torna uma grande árvore, capaz de encher o mundo de frutos.

38. A transmissão da fé, que brilha para as pessoas de todos os lugares, passa também através do eixo do tempo, de geração em geração. Dado que a fé nasce de um encontro que acontece na história e ilumina o nosso caminho no tempo, a mesma deve ser transmitida ao longo dos séculos. É através de uma cadeia ininterrupta de testemunhos que nos chega o rosto de Jesus. Como é possível isso? Como se pode estar seguro de beber no "verdadeiro Jesus" através dos séculos? Se o homem fosse um indivíduo isolado, se quiséssemos partir apenas do "eu" individual, que pretende encontrar em si mesmo a firmeza do seu conhecimento, tal certeza seria impossível; não posso, por mim mesmo, ver aquilo que aconteceu em uma época tão distante de mim. Mas esta não é a única maneira de o homem conhecer; a pessoa vive sempre em relação: provém

de outros, pertence a outros, a sua vida torna-se maior no encontro com os outros; o próprio conhecimento e consciência de nós mesmos são de tipo relacional e estão ligados a outros que nos precederam, a começar pelos nossos pais que nos deram a vida e o nome. A própria linguagem, as palavras com que interpretamos a nossa vida e a realidade inteira chegam-nos através dos outros, conservadas na memória viva de outros; o conhecimento de nós mesmos só é possível quando participamos de uma memória mais ampla. O mesmo acontece com a fé, que leva à plenitude o modo humano de entender: o passado da fé, aquele ato de amor de Jesus que gerou no mundo uma vida nova, chega até nós na memória de outros, das testemunhas, guardado vivo naquele sujeito único de memória que é a Igreja; esta é uma Mãe que nos ensina a falar a linguagem da fé. São João insistiu sobre este aspecto no seu Evangelho, unindo conjuntamente fé e memória e associando as duas à ação do Espírito Santo que, como diz Jesus, "há de recordar-vos tudo" (*Jo* 14,26). O Amor, que é o Espírito e que habita na Igreja, mantém unidos entre si todos os tempos e faz-nos contemporâneos de Jesus, tornando-Se assim o guia do nosso caminho na fé.

39. É impossível crer sozinhos. A fé não é só uma opção individual que se realiza na interioridade do crente, não é uma relação isolada entre o "eu" do fiel e o "Tu" divino, entre o sujeito autônomo e Deus; mas, por sua natureza, abre-se ao "nós", verifica-se

sempre dentro da comunhão da Igreja. Assim no-lo recorda a forma dialogada do Credo, que se usa na liturgia batismal. O crer exprime-se como resposta a um convite, a uma palavra que não provém de mim, mas deve ser escutada; por isso, insere-se no interior de um diálogo, não pode ser uma mera confissão que nasce do indivíduo: só é possível responder "creio" em primeira pessoa porque se pertence a uma comunhão grande, dizendo também "cremos". Esta abertura ao "nós" eclesial realiza-se de acordo com a abertura própria do amor de Deus, que não é apenas relação entre o Pai e o Filho, entre "eu" e "tu", mas, no Espírito, é também um "nós", uma comunhão de pessoas. Por isso mesmo, quem crê nunca está sozinho; e, pela mesma razão, a fé tende a difundir-se, a convidar outros para a sua alegria. Quem recebe a fé descobre que os espaços do próprio "eu" se alargam, gerando-se nele novas relações que enriquecem a vida. Assim o exprimiu vigorosamente Tertuliano ao dizer do catecúmeno que, tendo sido recebido em uma nova família "depois do banho do novo nascimento", é acolhido na casa da Mãe para erguer as mãos e rezar, juntamente com os irmãos, o *Pai-Nosso*.[34]

Os sacramentos e a transmissão da fé

40. Como sucede em cada família, a Igreja transmite aos seus filhos o conteúdo da sua memória. Como

---

[34] Cf. *De Baptismo*, 20, 5: *CCL* 1, 295.

se deve fazer esta transmissão de modo que nada se perca, mas antes que tudo se aprofunde cada vez mais na herança da fé? É através da Tradição Apostólica, conservada na Igreja com a assistência do Espírito Santo, que temos contato vivo com a memória fundadora. E aquilo que foi transmitido pelos Apóstolos, como afirma o Concílio Ecumênico Vaticano II, "abrange tudo quanto contribui para a vida santa do Povo de Deus e para o aumento da sua fé; e assim a Igreja, na sua doutrina, vida e culto, perpetua e transmite a todas as gerações tudo aquilo que ela é e tudo quanto acredita".[35]

De fato, a fé tem necessidade de um âmbito onde se possa testemunhar e comunicar, e que o mesmo seja adequado e proporcionado ao que se comunica. Para transmitir um conteúdo meramente doutrinal, uma ideia, talvez bastasse um livro ou a repetição de uma mensagem oral; mas aquilo que se comunica na Igreja, o que se transmite na sua Tradição viva é a luz nova que nasce do encontro com o Deus vivo, uma luz que toca a pessoa no seu íntimo, no coração, envolvendo a sua mente, vontade e afetividade, abrindo-a a relações vivas na comunhão com Deus e com os outros. Para se transmitir tal plenitude, existe um meio especial que põe em jogo a pessoa inteira: corpo e espírito,

---

[35] Const. dogm. sobre a divina Revelação *Dei Verbum*, 8.

interioridade e relações. Este meio são os sacramentos celebrados na liturgia da Igreja: neles, comunica-se uma memória encarnada, ligada aos lugares e épocas da vida, associada com todos os sentidos; neles, a pessoa é envolvida, como membro de um sujeito vivo, em um tecido de relações comunitárias. Por isso, se é verdade que os sacramentos são os sacramentos da fé,[36] há que afirmar também que a fé tem uma estrutura sacramental; o despertar da fé passa pelo despertar de um novo sentido sacramental na vida do homem e na existência cristã, mostrando como o visível e o material se abrem para o mistério do eterno.

41. A transmissão da fé verifica-se, em primeiro lugar, através do Batismo. Poderia parecer que este sacramento fosse apenas um modo para simbolizar a confissão de fé, um ato pedagógico para quem precise de imagens e gestos, e do qual seria possível fundamentalmente prescindir. Mas não é assim, como no--lo recorda uma palavra de São Paulo: "Pelo Batismo fomos sepultados com Cristo na morte, para que, tal como Cristo foi ressuscitado de entre os mortos pela glória do Pai, também nós caminhemos em uma vida nova" (*Rm* 6,4); nele, tornamo-nos nova criatura e filhos adotivos de Deus. E mais adiante o Apóstolo diz que o cristão foi confiado a uma "forma de ensino" (*typos*

---

[36] Cf. Conc. Ecum. Vat. II, Const. sobre a sagrada Liturgia *Sacrosanctum Concilium*, 59.

didachés), a que obedece de coração (cf. *Rm* 6,17): no Batismo, o homem recebe também uma doutrina que deve professar e uma forma concreta de vida que requer o envolvimento de toda a sua pessoa, encaminhando-a para o bem; é transferido para um novo âmbito, confiado a um novo ambiente, a uma nova maneira comum de agir, na Igreja. Desse modo, o Batismo recorda-nos que a fé não é obra do indivíduo isolado, não é um ato que o homem possa realizar contando apenas com as próprias forças, mas tem de ser recebida, entrando na comunhão eclesial que transmite o dom de Deus: ninguém se batiza a si mesmo, tal como ninguém vem sozinho à existência. Fomos batizados.

42. Quais são os elementos batismais que nos introduzem nesta nova "forma de ensino"? Sobre o catecúmeno é invocado, em primeiro lugar, o nome da Trindade: Pai, Filho e Espírito Santo. E, desse modo, se oferece, logo desde o princípio, uma síntese do caminho da fé: o Deus que chamou Abraão e quis chamar-Se seu Deus, o Deus que revelou o seu nome a Moisés, o Deus que, ao entregar-nos o seu Filho, nos revelou plenamente o mistério do seu Nome, dá à pessoa batizada uma nova identidade filial. Dessa forma, evidencia-se o sentido da imersão na água que se realiza no Batismo: a água é, simultaneamente, símbolo de morte, que nos convida a passar pela conversão do "eu" tendo em vista a sua abertura a um "Eu" maior, e símbolo de vida, do ventre onde renascemos para seguir

Cristo na sua nova existência. Desse modo, através da imersão na água, o Batismo fala-nos da estrutura encarnada da fé. A ação de Cristo toca-nos na nossa realidade pessoal, transformando-nos radicalmente, tornando-nos filhos adotivos de Deus, participantes da natureza divina; e assim modifica todas as nossas relações, a nossa situação concreta na terra e no universo, abrindo-as à própria vida de comunhão d'Ele. Este dinamismo de transformação próprio do Batismo ajuda-nos a perceber a importância do catecumenato, que hoje — mesmo em sociedades de antigas raízes cristãs, onde um número crescente de adultos se aproxima do sacramento batismal — se reveste de singular relevância para a nova evangelização. É o itinerário de preparação para o Batismo, para a transformação da vida inteira em Cristo.

Para compreender a ligação entre o Batismo e a fé, pode ajudar-nos a recordação de um texto do profeta Isaías, que já aparece associado com o Batismo na literatura cristã antiga: "Terá o seu refúgio em rochas elevadas, terá [...] água em abundância" (*Is* 33,16).[37] Resgatado da morte pela água, o batizado pode manter-se de pé sobre "rochas elevadas", porque encontrou a solidez à qual confiar-se; e, assim, a água de morte transformou-se em água de vida. O texto grego

---

[37] Cf. *Epistula Barnabae*, 11, 5: *SC* 172, 162.

descrevia-a como água *pistós*, água "fiel": a água do Batismo é fiel, podendo confiar-nos a ela porque a sua corrente entra na dinâmica de amor de Jesus, fonte de segurança para o nosso caminho na vida.

43. A estrutura do Batismo, a sua configuração como renascimento no qual recebemos um nome novo e uma vida nova, ajuda-nos a compreender o sentido e a importância do Batismo das crianças. Uma criança não é capaz de um ato livre que acolha a fé: ainda não a pode confessar sozinha e, por isso mesmo, é confessada pelos seus pais e pelos padrinhos em nome dela. A fé é vivida no âmbito da comunidade da Igreja, insere--se em um "nós" comum. Assim, a criança pode ser sustentada por outros, pelos seus pais e padrinhos, e pode ser acolhida na fé deles que é a fé da Igreja, simbolizada pela luz que o pai toma do círio na liturgia batismal. Esta estrutura do Batismo põe em evidência a importância da sinergia entre a Igreja e a família na transmissão da fé. Os pais são chamados — como diz Santo Agostinho — não só a gerar os filhos para a vida, mas a levá-los a Deus, para que sejam, através do Batismo, regenerados como filhos de Deus, recebam o dom da fé.[38] Assim, juntamente com a vida, é-lhes dada a orientação fundamental da existência e a segurança de

---

[38] Cf. *De nuptiis et concupiscentia*, I, 4, 5: *PL* 44, 413 ("Habent quippe intentionem generandi regenerandos, ut qui ex eis saeculi filii nascuntur in Dei filios renascantur").

um bom futuro; orientação esta que será ulteriormente corroborada no sacramento da Confirmação com o selo indelével do Espírito Santo.

44. A natureza sacramental da fé encontra a sua máxima expressão na Eucaristia. Esta é alimento precioso da fé, encontro com Cristo presente de maneira real no seu ato supremo de amor: o dom de Si mesmo que gera vida. Na Eucaristia, temos o cruzamento dos dois eixos sobre os quais a fé percorre o seu caminho. Por um lado, o eixo da história: a Eucaristia é ato de memória, atualização do mistério, em que o passado, como um evento de morte e ressurreição, mostra a sua capacidade de se abrir ao futuro, de antecipar a plenitude final; no-lo recorda a liturgia com o seu *hodie*, o "hoje" dos mistérios da salvação. Por outro lado, encontra-se aqui também o eixo que conduz do mundo visível ao invisível: na Eucaristia, aprendemos a ver a profundidade do real. O pão e o vinho transformam-se no Corpo e Sangue de Cristo, que Se faz presente no seu caminho pascal para o Pai: este movimento introduz-nos, corpo e alma, no movimento de toda a criação para a sua plenitude em Deus.

45. Na celebração dos sacramentos, a Igreja transmite a sua memória, particularmente com a profissão de fé. Nesta, não se trata tanto de prestar assentimento a um conjunto de verdades abstratas, como, sobretudo, de fazer a vida toda entrar na comunhão

plena com o Deus Vivo. Podemos dizer que, no *Credo*, o fiel é convidado a entrar no mistério que professa e a deixar-se transformar por aquilo que confessa. Para compreender o sentido desta afirmação, pensemos em primeiro lugar no conteúdo do *Credo*. Este tem uma estrutura trinitária: o Pai e o Filho unem-Se no Espírito de amor. Desse modo, o crente afirma que o centro do ser, o segredo mais profundo de todas as coisas é a comunhão divina. Além disso, o *Credo* contém uma confissão cristológica: repassam-se os mistérios da vida de Jesus até a sua morte, ressurreição e ascensão ao Céu, na esperança da sua vinda final na glória. E, consequentemente, afirma-se que este Deus-comunhão, permuta de amor entre o Pai e o Filho no Espírito, é capaz de abraçar a história do homem, de introduzi-lo no seu dinamismo de comunhão, que tem, no Pai, a sua origem e meta final. Aquele que confessa a fé sente-se implicado na verdade que confessa; não pode pronunciar, com verdade, as palavras do *Credo*, sem ser por isso mesmo transformado, sem mergulhar na história de amor que o abraça, que dilata o seu ser tornando-o parte de uma grande comunhão, do sujeito último que pronuncia o *Credo*: a Igreja. Todas as verdades, em que cremos, afirmam o mistério da vida nova da fé como caminho de comunhão com o Deus Vivo.

Fé, oração e Decálogo

46. Há mais dois elementos que são essenciais na transmissão fiel da memória da Igreja. O primeiro é a

Oração do Senhor, o *Pai-Nosso*; nela, o cristão aprende a partilhar a própria experiência espiritual de Cristo e começa a ver com os olhos d'Ele. A partir d'Aquele que é Luz da Luz, do Filho Unigênito do Pai, também nós conhecemos a Deus e podemos inflamar outros no desejo de se aproximarem d'Ele.

Igualmente importante é ainda a ligação entre a fé e o Decálogo. Dissemos já que a fé se apresenta como um caminho, uma estrada a percorrer, aberta pelo encontro com o Deus vivo; por isso, à luz da fé, da entrega total ao Deus que salva, o Decálogo adquire a sua verdade mais profunda, contida nas palavras que introduzem os Dez Mandamentos: "Eu sou o Senhor, teu Deus, que te fiz sair da terra do Egito" (*Ex* 20,2). O Decálogo é um conjunto não de preceitos negativos mas sim de indicações concretas para sair do deserto do "eu" autorreferencial, fechado em si mesmo, e entrar em diálogo com Deus, deixando-se abraçar pela sua misericórdia a fim de a irradiar. Desse modo, a fé confessa o amor de Deus, origem e sustentáculo de tudo, deixa-se mover por este amor para caminhar rumo à plenitude da comunhão com Deus. O Decálogo aparece como o caminho da gratidão, da resposta de amor, que é possível porque, na fé, nos abrimos à experiência do amor de Deus que nos transforma. E este caminho recebe uma luz nova de tudo aquilo que Jesus ensina no Sermão da Montanha (cf. *Mt* 5–7).

Toquei assim os quatro elementos que resumem o tesouro de memória que a Igreja transmite: a confissão de fé, a celebração dos sacramentos, o caminho do Decálogo, a oração. À volta deles se estruturou tradicionalmente a catequese da Igreja, como se pode ver no *Catecismo da Igreja Católica*, instrumento fundamental para aquele ato com que a Igreja comunica o conteúdo inteiro da fé, "tudo aquilo que ela é e tudo quanto acredita".[39]

A unidade e a integridade da fé

47. A unidade da Igreja, no tempo e no espaço, está ligada com a unidade da fé: "Há um só Corpo e um só Espírito [...], uma só fé" (*Ef* 4,4-5). Hoje poderá parecer realizável a união dos homens com base em um compromisso comum, na amizade, na partilha da mesma sorte com uma meta comum; mas sentimos muita dificuldade em conceber uma unidade na mesma verdade; parece-nos que uma união do gênero se oporia à liberdade do pensamento e à autonomia do sujeito. Pelo contrário, a experiência do amor diz-nos que é possível termos uma visão comum precisamente no amor: neste, aprendemos a ver a realidade com os olhos do outro e isto, longe de nos empobrecer, enriquece o nosso olhar. O amor verdadeiro, à medida do amor

---

[39] Conc. Ecum. Vat. II, Const. dogm. sobre a divina Revelação *Dei Verbum*, 8.

divino, exige a verdade e, no olhar comum da verdade que é Jesus Cristo, torna-se firme e profundo. Esta é também a alegria da fé: a unidade de visão em um só corpo e em um só espírito. Nesse sentido, São Leão Magno podia afirmar: "Se a fé não é una, não é fé".[40]

Qual é o segredo desta unidade? A fé é una, em primeiro lugar, pela unidade de Deus conhecido e confessado. Todos os artigos de fé se referem a Ele, são caminhos para conhecer o seu ser e o seu agir; por isso, possuem uma unidade superior a tudo quanto possamos construir com o nosso pensamento, possuem a unidade que nos enriquece, porque se comunica a nós e nos torna um.

Depois, a fé é una porque se dirige ao único Senhor, à vida de Jesus, à história concreta que Ele partilha conosco. Santo Ireneu de Lião deixou isso claro, contrapondo-o aos hereges gnósticos. Estes sustentavam a existência de dois tipos de fé: uma fé rude, a fé dos simples, imperfeita, que se mantinha ao nível da carne de Cristo e da contemplação dos seus mistérios; e outro tipo de fé mais profunda e perfeita, a fé verdadeira reservada para um círculo restrito de iniciados, que se elevava com o intelecto para além da carne de Jesus rumo aos mistérios da divindade desconhecida. Contra esta pretensão, que ainda em nossos

---

[40] *In nativitate Domini sermo*, 4, 6: *SC* 22, 110.

dias continua a ter o seu encanto e os seus seguidores, Santo Ireneu reafirma que a fé é uma só, porque passa sempre pelo ponto concreto da encarnação, sem nunca superar a carne e a história de Cristo, dado que Deus Se quis revelar plenamente nela. É por isso que não há diferença, na fé, entre "aquele que é capaz de falar dela mais tempo" e "aquele que fala pouco", entre aquele que é mais dotado e quem se mostra menos capaz: nem o primeiro pode ampliar a fé, nem o segundo diminuí-la.[41]

Por último, a fé é una porque é partilhada por toda a Igreja, que é um só corpo e um só Espírito: na comunhão do único sujeito que é a Igreja, recebemos um olhar comum. Confessando a mesma fé, apoiamo-nos sobre a mesma rocha, somos transformados pelo mesmo Espírito de amor, irradiamos uma única luz e temos um único olhar para penetrar na realidade.

48. Dado que a fé é uma só, deve-se confessar em toda a sua pureza e integridade. Precisamente porque todos os artigos da fé estão unitariamente ligados, negar um deles — mesmo dos que possam parecer menos importantes — equivale a danificar o todo. Cada época pode encontrar pontos da fé mais fáceis ou mais difíceis de aceitar; por isso, é importante vigiar para que se transmita todo o depósito da fé (cf. *1Tm* 6,20) e para

---

[41] Cf. Ireneu, *Adversus haereses*, I, 10, 2: *SC* 264, 160.

que se insista oportunamente sobre todos os aspectos da confissão de fé. De fato, visto que a unidade da fé é a unidade da Igreja, tirar algo à fé é fazê-lo à verdade da comunhão. Os Padres descreveram a fé como um corpo, o corpo da verdade, com diversos membros, analogamente ao que se passa no corpo de Cristo com o seu prolongamento na Igreja.[42]

A integridade da fé foi associada também com a imagem da Igreja virgem, com o seu amor esponsal fiel a Cristo: danificar a fé significa danificar a comunhão com o Senhor.[43] A unidade da fé é, por conseguinte, a de um organismo vivo, como bem evidenciou o Beato John Henry Newman, quando enumera, entre as notas características para distinguir a continuidade da doutrina no tempo, o seu poder de assimilar em si tudo o que encontra, nos diversos âmbitos em que torna presente, nas diversas culturas que encontra,[44] tudo purificando e levando à sua melhor expressão. É assim que a fé se mostra universal, católica, porque a sua luz cresce para iluminar todo o universo, toda a história.

---

[42] Cf. *ibid.*, II, 27, 1: *o. c.*, 294, 264.

[43] Cf. Agostinho, *De sancta virginitate*, 48, 48: *PL* 40, 424-425 ("Servatur et in fide inviolata quaedam castitas virginalis, qua Ecclesia uni viro virgo casta cooptatur").

[44] Cf. *An Essay on the Development of Christian Doctrine* (Uniform Edition: Longmans, Green and Company, Londres 1868-1881), 185-189.

49. Como serviço à unidade da fé e à sua transmissão íntegra, o Senhor deu à Igreja o dom da sucessão apostólica. Por seu intermédio, fica garantida a continuidade da memória da Igreja, e é possível beber, com certeza, na fonte pura donde surge a fé; assim, a garantia da ligação com a origem é-nos dada por pessoas vivas, o que equivale à fé viva que a Igreja transmite. Esta fé viva assenta sobre a fidelidade das testemunhas que foram escolhidas pelo Senhor para tal tarefa; por isso, o magistério fala sempre em obediência à Palavra originária, sobre a qual se baseia a fé, e é fiável porque se entrega à Palavra que escuta, guarda e expõe.[45] No discurso de despedida aos anciãos de Éfeso, em Mileto, referido por São Lucas nos Atos dos Apóstolos, São Paulo atesta que cumpriu o encargo, que lhe foi confiado pelo Senhor, de lhes anunciar toda a vontade de Deus (cf. *At* 20,27); é graças ao magistério da Igreja que nos pode chegar, íntegra, esta vontade e, com ela, a alegria de a podermos cumprir plenamente.

---

[45] Cf. Conc. Ecum. Vat. II, Const. dogm. sobre a divina Revelação *Dei Verbum*, 10.

Capítulo IV

DEUS PREPARA PARA ELES UMA CIDADE (CF. *HB* 11,16)

A fé e o bem comum

50. Ao apresentar a história dos patriarcas e dos justos do Antigo Testamento, a Carta aos Hebreus põe em relevo um aspecto essencial da sua fé; esta não se apresenta apenas como um caminho, mas também como edificação, preparação de um lugar onde os homens possam habitar uns com os outros. O primeiro construtor é Noé, que, na arca, consegue salvar a sua família (cf. *Hb* 11,7). Depois aparece Abraão, de quem se diz que, pela fé, habitara em tendas, esperando a cidade de alicerces firmes (cf. *Hb* 11,9-10). Vemos assim surgir, relacionada com a fé, uma nova fiabilidade, uma nova solidez, que só Deus pode dar. Se o homem de fé assenta sobre o Deus-Amém, o Deus fiel (cf. *Is* 65,16), tornando-se assim firme ele mesmo, podemos acrescentar que a firmeza da fé se refere também à cidade que Deus está preparando para o homem. A fé revela quão firmes podem ser os vínculos entre os

homens, quando Deus Se torna presente no meio deles. Não evoca apenas uma solidez interior, uma convicção firme do crente; a fé ilumina também as relações entre os homens, porque nasce do amor e segue a dinâmica do amor de Deus. O Deus fiável dá aos homens uma cidade fiável.

51. Devido precisamente à sua ligação com o amor (cf. *Gl* 5,6), a luz da fé coloca-se ao serviço concreto da justiça, do direito e da paz. A fé nasce do encontro com o amor gerador de Deus que mostra o sentido e a bondade da nossa vida; esta é iluminada à medida que entra no dinamismo aberto por este amor, isto é, enquanto se torna caminho e exercício para a plenitude do amor. A luz da fé é capaz de valorizar a riqueza das relações humanas, a sua capacidade de perdurarem, serem fiáveis, enriquecerem a vida comum. A fé não afasta do mundo, nem é alheia ao esforço concreto dos nossos contemporâneos. Sem um amor fiável, nada poderia manter verdadeiramente unidos os homens: a unidade entre eles seria concebível apenas enquanto fundada sobre a utilidade, a conjugação dos interesses, o medo, mas não sobre a beleza de viverem juntos, nem sobre a alegria que a simples presença do outro pode gerar. A fé faz compreender a arquitetura das relações humanas, porque identifica o seu fundamento último e destino definitivo em Deus, no seu amor, e assim ilumina a arte da sua construção, tornando-se um serviço ao bem comum. Por isso, a fé

é um bem para todos, um bem comum: a sua luz não ilumina apenas o âmbito da Igreja nem serve somente para construir uma cidade eterna no além, mas ajuda também a construir as nossas sociedades de modo que caminhem para um futuro de esperança. A Carta aos Hebreus oferece um exemplo disso mesmo, ao nomear entre os homens de fé Samuel e Davi, a quem a fé permitiu "exercerem a justiça" (11,33). A expressão refere-se aqui à sua justiça no governar, àquela sabedoria que traz a paz ao povo (cf. *1Sm* 12,3-5; *2Sm* 8,15). As mãos da fé levantam-se para o céu, mas fazem-no ao mesmo tempo em que edificam, na caridade, uma cidade construída sobre relações que têm como alicerce o amor de Deus.

A fé e a família

52. No caminho de Abraão para a cidade futura, a Carta aos Hebreus alude à bênção que se transmite dos pais aos filhos (cf. 11,20-21). O primeiro âmbito da cidade dos homens iluminado pela fé é a família; penso, antes de mais nada, na união estável do homem e da mulher no matrimônio. Tal união nasce do seu amor, sinal e presença do amor de Deus, nasce do reconhecimento e aceitação do bem que é a diferença sexual, em virtude da qual os cônjuges se podem unir em uma só carne (cf. *Gn* 2,24) e são capazes de gerar uma nova vida, manifestação da bondade do Criador,

da sua sabedoria e do seu desígnio de amor. Fundados sobre este amor, homem e mulher podem prometer-se amor mútuo com um gesto que compromete a vida inteira e que lembra muitos traços da fé: prometer um amor que dure para sempre é possível quando se descobre um desígnio maior que os próprios projetos, que nos sustenta e permite doar o futuro inteiro à pessoa amada. Depois, a fé pode ajudar a individuar em toda a sua profundidade e riqueza a geração dos filhos, porque faz reconhecer nela o amor criador que nos dá e nos entrega o mistério de uma nova pessoa; foi assim que Sara, pela sua fé, se tornou mãe, apoiando-se na fidelidade de Deus à sua promessa (cf. *Hb* 11,11).

53. Em família, a fé acompanha todas as idades da vida, a começar pela infância: as crianças aprendem a confiar no amor de seus pais. Por isso, é importante que os pais cultivem práticas de fé comuns na família, que acompanhem o amadurecimento da fé dos filhos. Sobretudo os jovens, que atravessam uma idade da vida tão complexa, rica e importante para a fé, devem sentir a proximidade e a atenção da família e da comunidade eclesial no seu caminho de crescimento da fé. Todos vimos como, nas Jornadas Mundiais da Juventude, os jovens mostram a alegria da fé, o compromisso de viver uma fé cada vez mais sólida e generosa. Os jovens têm o desejo de uma vida grande; o encontro com Cristo, o deixar-se conquistar e guiar pelo seu amor alarga o horizonte da existência, dá-lhe uma esperança firme

que não desilude. A fé não é um refúgio para gente sem coragem, mas a dilatação da vida: faz descobrir um grande chamado — a vocação ao amor — e assegura que este amor é fiável, que vale a pena entregar-se a ele, porque o seu fundamento se encontra na fidelidade de Deus, que é mais forte do que toda a nossa fragilidade.

Uma luz para a vida em sociedade

54. Assimilada e aprofundada em família, a fé torna-se luz para iluminar todas as relações sociais. Como experiência da paternidade e da misericórdia de Deus, dilata-se depois em caminho fraterno. Na Idade Moderna, procurou-se construir a fraternidade universal entre os homens baseando-se na sua igualdade; mas, pouco a pouco, fomos compreendendo que esta fraternidade, privada do referimento a um Pai comum como seu fundamento último, não consegue subsistir; por isso, é necessário voltar à verdadeira raiz da fraternidade. Desde o seu início, a história de fé foi uma história de fraternidade, embora não desprovida de conflitos. Deus chama Abraão para sair da sua terra, prometendo fazer dele uma única e grande nação, um grande povo, sobre o qual repousa a Bênção divina (cf. *Gn* 12,1-3). À medida que a história da salvação avança, o homem descobre que Deus quer fazer a todos participarem como irmãos da única bênção, que encontra a sua plenitude em Jesus, para que todos se

tornem um só. O amor inexaurível do Pai é-nos comunicado em Jesus, também através da presença do irmão. A fé ensina-nos a ver que, em cada homem, há uma bênção para mim, que a luz do rosto de Deus me ilumina através do rosto do irmão.

Quantos benefícios trouxe o olhar da fé cristã à cidade dos homens para a sua vida em comum! Graças à fé, compreendemos a dignidade única de cada pessoa, que não era tão evidente no mundo antigo. No século II, o pagão Celso censurava os cristãos por algo que lhe parecia uma ilusão e um engano: pensar que Deus tivesse criado o mundo para o homem, colocando-o no vértice do universo inteiro. "Por que pretender que [a verdura] cresça para os homens, em vez de crescer para os mais selvagens dos animais sem razão?"[46] "Se olhássemos a terra do alto do céu, que diferença se nos ofereceria entre as nossas atividades e as das formigas e das abelhas?"[47] No centro da fé bíblica, há o amor de Deus, o seu cuidado concreto por cada pessoa, o seu desejo de salvação que abraça toda a humanidade e a criação inteira e que atinge o clímax na encarnação, morte e ressurreição de Jesus Cristo. Quando se obscurece esta realidade, falta o critério para individuar o que torna preciosa e única a vida do homem; e este

---

[46] Orígenes, *Contra Celsum*, IV, 75: *SC* 136, 372.
[47] *Ibid.*, 85: *o. c.*, 136, 394.

perde o seu lugar no universo, extravia-se na natureza, renunciando à própria responsabilidade moral, ou então pretende ser árbitro absoluto, arrogando-se um poder de manipulação sem limites.

55. Além disso, a fé, ao revelar-nos o amor de Deus Criador, faz-nos olhar com maior respeito para a natureza, fazendo-nos reconhecer nela uma gramática escrita por Ele e uma habitação que nos foi confiada para ser cultivada e guardada; ajuda-nos a encontrar modelos de progresso, que não se baseiem apenas na utilidade e no lucro mas considerem a criação como dom, de que todos somos devedores; ensina-nos a individuar formas justas de governo, reconhecendo que a autoridade vem de Deus para estar ao serviço do bem comum. A fé afirma também a possibilidade do perdão, que muitas vezes requer tempo, canseira, paciência e empenho; um perdão possível quando se descobre que o bem é sempre mais originário e mais forte que o mal, que a palavra com que Deus afirma a nossa vida é mais profunda do que todas as nossas negações. Aliás, mesmo de um ponto de vista simplesmente antropológico, a unidade é superior ao conflito; devemos preocupar-nos também com o conflito, mas vivendo-o de tal modo que nos leve a resolvê-lo, a superá-lo, como elo de uma cadeia, em um avanço para a unidade.

Quando a fé esmorece, há o risco de esmorecerem também os fundamentos do viver, como advertia o poeta Thomas Sterls Eliot: "Precisais porventura que se vos diga que até aqueles modestos sucessos / que vos permitem ser orgulhosos de uma sociedade educada / dificilmente sobreviveriam à fé, a que devem o seu significado?"[48] Se tiramos a fé em Deus das nossas cidades, enfraquecer-se-á a confiança entre nós, apenas o medo nos manterá unidos, e a estabilidade ficará ameaçada. Afirma a Carta aos Hebreus: "Deus não Se envergonha de ser chamado o 'seu Deus', porque preparou para eles uma cidade" (*Hb* 11,16). A expressão "não se envergonha" tem conotado um reconhecimento público: pretende-se afirmar que Deus, com o seu agir concreto, confessa publicamente a sua presença entre nós, o seu desejo de tornar firmes as relações entre os homens. Porventura vamos ser nós a envergonhar-nos de chamar a Deus "o nosso Deus"? Seremos por acaso nós a recusar-nos a confessá-Lo como tal na nossa vida pública, a propor a grandeza da vida comum que Ele torna possível? A fé ilumina a vida social: possui uma luz criadora para cada momento novo da história, porque coloca todos os acontecimentos em relação com a origem e o destino de tudo no Pai que nos ama.

Uma força consoladora no sofrimento

56. São Paulo, falando aos cristãos de Corinto das suas tribulações e sofrimentos, coloca a sua fé

---

[48] "Choruses from *The Rock*", in: *The Collected Poems and Plays* 1909-1950 (Nova Iorque 1980), 106.

em relação com a pregação do Evangelho. De fato, diz que nele se cumpre esta passagem da Escritura: "Acreditei e por isso falei" (*2Cor* 4,13). O Apóstolo refere-se a uma frase do Salmo 116, onde o salmista exclama: "Eu tinha confiança, mesmo quando disse: 'A minha aflição é muito grande!'" (v. 10). Falar da fé comporta frequentemente falar também de provas dolorosas, mas é precisamente nelas que São Paulo vê o anúncio mais convincente do Evangelho, porque é na fraqueza e no sofrimento que sobressai e se descobre o poder de Deus que supera a nossa fraqueza e o nosso sofrimento. O próprio Apóstolo se encontra em uma situação de morte que redunda em vida para os cristãos (cf. *2Cor* 4,7-12). Na hora da prova, a fé ilumina-nos; e é precisamente no sofrimento e na fraqueza que se torna claro como "não pregamos a nós mesmos, mas a Cristo Jesus, o Senhor" (*2Cor* 4,5). O capítulo 11 da Carta aos Hebreus termina com a referência a quantos sofreram pela fé, entre os quais ocupa um lugar particular Moisés, que tomou sobre si a humilhação de Cristo (cf. vv. 26.35-38). O cristão sabe que o sofrimento não pode ser eliminado, mas pode adquirir um sentido: pode tornar-se ato de amor, entrega nas mãos de Deus que não nos abandona e, desse modo, ser uma etapa de crescimento na fé e no amor. Contemplando a união de Cristo com o Pai, mesmo no momento de maior sofrimento na cruz (cf. *Mc* 15,34), o cristão aprende a participar no olhar próprio de Jesus; até a morte fica iluminada, podendo ser vivida como o último chamado da fé, o último "Sai da tua terra" (cf. *Gn* 12,1), o último "Vem!" pronunciado pelo Pai, a quem nos entregamos com a confiança de que Ele nos tornará firmes também na passagem definitiva.

57. A luz da fé não nos faz esquecer os sofrimentos do mundo. Os que sofrem foram mediadores de luz para tantos homens e mulheres de fé; tal foi o leproso para São Francisco de Assis, ou os pobres para a Beata Teresa de Calcutá. Compreenderam o mistério que há neles; aproximando-se deles, certamente não cancelaram todos os seus sofrimentos, nem puderam explicar todo o mal. A fé não é luz que dissipa todas as nossas trevas, mas lâmpada que guia os nossos passos na noite, e isso basta para o caminho. Ao homem que sofre, Deus não dá um raciocínio que explique tudo, mas oferece a sua resposta sob a forma de uma presença que o acompanha, de uma história de bem que se une a cada história de sofrimento para nela abrir uma brecha de luz. Em Cristo, o próprio Deus quis partilhar conosco esta estrada e oferecer-nos o seu olhar para nela vermos a luz. Cristo é aquele que, tendo suportado a dor, Se tornou "autor e consumador da fé" (*Hb* 12,2).

O sofrimento recorda-nos que o serviço da fé ao bem comum é sempre serviço de esperança que nos faz olhar em frente, sabendo que só a partir de Deus, do futuro que vem de Jesus ressuscitado, é que a nossa sociedade pode encontrar alicerces sólidos e duradouros. Nesse sentido, a fé está unida à esperança, porque, embora a nossa morada aqui na terra se vá destruindo, há uma habitação eterna que Deus já inaugurou em Cristo, no seu corpo (cf. *2Cor* 4,16–5,5). Assim, o dinamismo de fé, esperança e caridade (cf. *1Ts* 1,3; *1Cor* 13,13) faz-nos abraçar as preocupações de todos os homens, no nosso caminho rumo àquela cidade, "cujo arquiteto e construtor é o próprio Deus" (*Hb* 11,10), porque "a esperança não engana" (*Rm* 5,5).

Unida à fé e à caridade, a esperança projeta-nos para um futuro certo, que se coloca em uma perspectiva diferente relativamente às propostas ilusórias dos ídolos do mundo, mas que dá novo impulso e nova força à vida de todos os dias. Não deixemos que nos roubem a esperança, nem permitamos que esta seja anulada por soluções e propostas imediatas que nos bloqueiam no caminho, que "fragmentam" o tempo transformando-o em espaço. O tempo é sempre superior ao espaço: o espaço cristaliza os processos, ao passo que o tempo projeta para o futuro e impele a caminhar na esperança.

FELIZ DAQUELA QUE ACREDITOU
(CF. *LC* 1,45)

58. Na parábola do semeador, São Lucas refere estas palavras com que o Senhor explica o significado da "terra boa": "São aqueles que, tendo ouvido a palavra com um coração bom e virtuoso, conservam-na e dão fruto com a sua perseverança" (*Lc* 8,15). No contexto do Evangelho de Lucas, a menção do coração bom e virtuoso, em referência à Palavra ouvida e conservada, pode constituir um retrato implícito da fé da Virgem Maria; o próprio evangelista nos fala da memória de Maria, dizendo que ela conservava no coração tudo aquilo que ouvia e via, de modo que a Palavra produzisse fruto na sua vida. A Mãe do Senhor é ícone perfeito da fé, como dirá Santa Isabel: "Feliz de ti que acreditaste" (*Lc* 1,45).

Em Maria, Filha de Sião, tem cumprimento a longa história de fé do Antigo Testamento, com a narração de tantas mulheres fiéis a começar por Sara; mulheres que eram, juntamente com os Patriarcas, o lugar onde a promessa de Deus se cumpria e a vida nova desabrochava. Na plenitude dos tempos, a Palavra de Deus dirigiu-se a Maria, e Ela acolheu-a com todo o seu ser, no seu coração, para que n'Ela tomasse carne e nascesse como luz para os homens. O mártir São Justino, na obra *Diálogo com Trifão*, tem uma expressão significativa ao dizer que Maria, quando aceitou a mensagem do Anjo, concebeu "fé e alegria".[49] De fato, na Mãe de Jesus, a fé mostrou-se cheia de fruto e, quando a nossa vida espiritual dá fruto, enchemo-nos de alegria, que é o sinal mais claro da grandeza da fé. Na sua vida, Maria realizou a peregrinação da fé seguindo o seu Filho.[50] Assim, em Maria, o caminho de fé do Antigo Testamento foi assumido no seguimento de Jesus e deixa-se transformar por Ele, entrando no olhar próprio do Filho de Deus encarnado.

59. Podemos dizer que, na Bem-aventurada Virgem Maria, se cumpre aquilo em que insisti anteriormente, isto é, que o crente se envolve todo na sua confissão de fé. Pelo seu vínculo com Jesus, Maria está intimamente associada com aquilo em que acreditamos. Na concepção virginal de Maria, temos um sinal claro da filiação divina de Cristo: a origem eterna de Cristo está no Pai — Ele é o Filho em sentido total e único — e por isso nasce, no tempo, sem intervenção do homem. Sendo Filho, Jesus pode trazer ao mundo um novo início e uma nova luz, a plenitude do amor

---

[49] Cf. *Dialogus cum Tryphone Iudaeo*, 100, 5: *PG* 6, 710.
[50] Cf. Conc. Ecum. Vat. II, Const. dogm. sobre a Igreja *Lumen gentium*, 58.

fiel de Deus que Se entrega aos homens. Por outro lado, a verdadeira maternidade de Maria garantiu, ao Filho de Deus, uma verdadeira história humana, uma verdadeira carne na qual morrerá na cruz e ressuscitará dos mortos. Maria acompanhá-Lo-á até a cruz (cf. *Jo* 19,25), donde a sua maternidade se estenderá a todo o discípulo de seu Filho (cf. *Jo* 19,26-27). Estará presente também no Cenáculo, depois da ressurreição e ascensão de Jesus, para implorar com os Apóstolos o dom do Espírito (cf. *At* 1,14). O movimento de amor entre o Pai e o Filho no Espírito percorreu a nossa história; Cristo atrai-nos a Si para nos poder salvar (cf. *Jo* 12,32). No centro da fé, encontra-se a confissão de Jesus, Filho de Deus, nascido de mulher, que nos introduz, pelo dom do Espírito Santo, na filiação adotiva (cf. *Gl* 4,4-6).

60. A Maria, Mãe da Igreja e Mãe da nossa fé, nos dirigimos, rezando-Lhe:

Ajudai, ó Mãe, a nossa fé.

Abri o nosso ouvido à Palavra, para reconhecermos a voz de Deus e o seu chamado.

Despertai em nós o desejo de seguir os seus passos, saindo da nossa terra e acolhendo a sua promessa.

Ajudai-nos a deixar-nos tocar pelo seu amor, para podermos tocá-Lo com a fé.

Ajudai-nos a confiar-nos plenamente a Ele, a crer no seu amor, sobretudo nos momentos de tribulação e cruz, quando a nossa fé é chamada a amadurecer.

Semeai, na nossa fé, a alegria do Ressuscitado.

Recordai-nos que quem crê nunca está sozinho.

Ensinai-nos a ver com os olhos de Jesus, para que Ele seja luz no nosso caminho. E que esta luz da fé cresça sempre em nós até chegar aquele dia sem ocaso que é o próprio Cristo, vosso Filho, nosso Senhor.

Dado em Roma, junto de São Pedro, no dia 29 de junho, solenidade dos Apóstolos São Pedro e São Paulo, do ano 2013, primeiro de Pontificado.

Franciscus

SUMÁRIO

Uma luz ilusória? 4
Uma luz a redescobrir 6

Capítulo I

Acreditamos no amor (cf. 1Jo 4,16) 11
    Abraão, nosso pai na fé 11
    A fé de Israel 14
    A plenitude da fé cristã 18
    A salvação pela fé 23
    A forma eclesial da fé 26

Capítulo II

Se não acreditardes, não compreendereis (cf. Is 7,9) .. 29
    Fé e verdade 29
    O conhecimento da verdade e o amor 32
    A fé como escuta e visão 36
    O diálogo entre fé e razão 41
    A fé e a busca de Deus 46
    Fé e teologia 48

Capítulo III

Transmito-vos aquilo que recebi (cf. 1Cor 15,3) 51
    A Igreja, mãe da nossa fé 51
    Os sacramentos e a transmissão da fé 54

Fé, oração e Decálogo 61
A unidade e a integridade da fé 63

Capítulo IV

Deus prepara para eles uma cidade (cf. Hb 11,16) 69
A fé e o bem comum 69
A fé e a família 71
Uma luz para a vida em sociedade 73
Uma força consoladora no sofrimento 76
Feliz daquela que acreditou (cf. Lc 1,45) 81

Rua Dona Inácia Uchoa, 62
04110-020 – São Paulo – SP (Brasil)
Tel.: (11) 2125-3500
http://www.paulinas.com.br – editora@paulinas.com.br
Telemarketing e SAC: 0800-7010081